천국과 지옥

지옥

HEAVEN and HELL

H 하나님 나라와 사탄의 왕국

강의자: 예영수 박사
Ph.D.(영문학), Th.D.(신학), SEd.D.(교육학)

H 본 논문은
대한예수교장로회총회(백석대신)
평서노회(노회장 이창복 목사)의 요청으로 연구되었다.

본 논문은
성경에서 말하는 천국과 지옥을 연구하고,
그리고 목회자나 성도들이 개인적으로 체험한 천국과 지옥에 관한
내용을 연구하는데 그 목적이 있다.

HEAVEN
and
HELL

CONTENTS

CONTENTS

HEAVEN and HELL

제 1 장

성경이 말하는
천국과 지옥

(하나님 나라와 사탄의 왕국)

I. 어거스틴의 두 도시 이야기

기독교 초기의 교부 어거스틴(아우구스티
누스, 354-430)은 『신의 도시』(The City of
God)에서 두 도시(신의 도시와 땅의 도시) 이
야기를 하고 있다.

어거스틴은 그리스 철학자 플라톤(427?-
347? B.C.)의 『공화국』에서 말하는 "생성(生
成)의 세계(the World of Becoming)"와 "존
재의 세계(the World of Being)"라는 이원
론적 개념에 영향을 받아, 『신의 도시』 제 11
책에서, "하나님의 도시(Heavenly City)"(시
148:1, 계3:12)와 "땅의 도시(Earthly
City)"(요 8:44, 계17:18)에 관해서 이원론
적 개념으로 설명하고 있다.[1]

어거스틴이 말하는 "도시(City)"는 전(全)
우주를 포함한다. 우주적인 도시 안에 사는
인간 사회를 말한다. 한 도시는 하나님 통치
와 주권 안에 있는 도시, 즉 천국이고, 다른
도시는 사탄이 통치하는 도시이다.

하늘의 도시의 시민들(사람들)은 하나님을 사랑하고 자신을 멸시하지만, 땅의 도시의 시민들은 자신을 사랑하고 하나님을 멸시한다. 전자는 하나님께 영광을 돌려드리고 하나님께 순종하지만, 후자는 자신의 힘에 영광을 돌리고 하나님께 대항하려 한다.

어거스틴은 하나님이 우주를 창조하실 때 시간도 창조하셨다고 한다. 어거스틴은 두 도시 이야기에 시간 개념을 적용하여, 신의 도시는 영원(Eternal)으로 설명하고, 땅의 도시는 시간(temporal)으로 설명하고 있다. 이것을 "어거스틴의 시간 개념(Augustinian Time Concept)"이라고 한다.

기독교가 말하는 영원은 무(無)시간(timelessness)도 아니고, 끝없는 시간(endless time)도 아니고, 시간 다음에 오는 시간도 아니고, 시간을 초월(above time)하는 영원(Eternity)을 말한다.

요한복음 1:14에서 "말씀이 육신이 되어 우리 가운데 거하시매(The Word became flesh and made his dwelling among us)"라고 하심으로써, 말씀이신 예수님께서 영원의 세계(Eternal, 하나님 나라)에서 육신이 되어 시간의 세계(temporal, 이 땅)에 오셨다고 했다. 신학은 이것을 "성육신(Incarnation)"이라고 한다.

어거스틴은 시간(temporal) 속에 존재하는 우리가 영원(Eternal)에서 오신 성육신하신 예수 그리스도를 통해서만 이 영원과의 만남을 갖게 되는 구원의 역사가 이루어진다고

한다. 예수님 자신이 "나는 알파와 오메가요 처음과 마지막
이라"(계 21:6)고 하심으로서 영원(Eternal)에서 오신 메시
야임을 증언하셨다.

(1) 폴 틸리히(Paul Tillich)의 "영원한 현재(Eternal Now)"

폴 틸리히(1886-1965)(독일태생, Union신대,
Harvard, Chicago신대 교수)는 『영원한 현재』(The
Eternal Now)에서 어거스틴의 시간 개념을 인용하여 "영원
한 현재(Eternal Now)"의 개념을 설명하고 있다.[2]

Tillich는 시간은 '과거, 현재, 미래' 3가지 형태로 존재
한다고 하고, 과거는 우리의 기억(memory) 속에 존재하고,
미래는 우리의 기대(expectation) 속에 존재한다고 한다.
우리의 과거는 "더 이상 없고(no more)" 우리의 미래는 "아
직 없는(not yet)" 것이기에, 존재하는 것은 현재뿐이다.
　신비로운 것은 우리가 현재(present)를 가지고 있다
는 것이다. 존재하는 것은 "지금(now)" "여기(here)" 뿐이
다. 우리를 위해 시간의 흐름을 정지시키는 것은 영원(the
Eternal)이다. 유한한 시간 속에 사는 우리가 시간의 흐름
을 멈추고 구원의 역사를 이루는 것은 영원과의 만남이다.
　영원과 만나는 유일한 길은 영원(the Eternal)에서 "말씀

이 육신이 되어 오신" 그 분 예수그리스도를 통해서 뿐이다. "시간적 지금(temporal now)"에 사는 우리가 영원에서 오신 그 분 예수그리스도를 만나는 그 순간을 "영원한 현재(지금)(Eternal now)"라고 한다. "영원한 현재"는 바로 예수 그리스도 이며, 천국(하나님 나라)과 만나는(체험하는) 순간이다.

우리가 "나는 알파와 오메가라 이제도 있고 전에도 있었고 장차 올 자요 전능한 자라"(계 1:8)고 하신 예수 그리스도와의 만남의 순간이 바로 "영원한 현재(Eternal Now)"를 경험하는 순간이요, 영원한 하나님 나라를 체험하고, 하나님 나라의 시민이 되는 순간이다.

(2) 천국은 역사를 통해 3가지 다른 단계(stage)로 나타나고 있다.[3)]

① 하나님 나라는 바로 지금(now) 여기에(here) 우리 가운데 있는 영적 나라이다.

예수님은 "회개하라 천국이 가까이 왔느니라"(마4:17)고 하시고, "내가 하나님의 성령을 힘입어 귀신을 쫓아내는 것이면 하나님의 나라가 이미 너희에게 임하였느니라"(마 12:28)고 하시고, "거기 있는 병자들을 고치고 또 말하기를 하나님의 나라가 너희에게 가까이 왔다 하라"(눅 10:9)고 하셨다.

예수님은 하나님 나라가 이미 이 땅에 임했음을 말씀하고 있다. 현재의 하나님 나라는 예수 그리스도 안에 있는 사람들과 세계에 주어지며, 믿는 자의 삶 가운데 역사하시는 하나님의 권세와 통치와 주권이다(엡 1:18-23; 빌 2:5-11; 골 1:13). 현재의 하나님 나라는 거듭남으로써 경험할 수 있으며(요 3:3), 어린 아이들과 같은 자가 받게 된다(막 10:14-15).

현재의 하나님 나라는 지금 받아야하며, 지금 하나님 나라에 들어가야 한다(마 21:31). 하나님 나라는 "오직 성령 안에 있는 의와 평강과 희락"이다(롬 14:17). 그러기에 하나님 나라는 믿는 자가 구해야 하는 첫 번째 일이다. "그런즉 너희는 먼저 그의 나라와 그의 의를 구하라 그리하면 이 모든 것을 너희에게 더하시리라"(마6:33).

② 하나님 나라는 미래에 있을 천년왕국 이다.

천년왕국(Millennial Kingdom)은 이 땅에 있게 될 천년 동안 그리스도의 실제의 통치를 말한다. 천년왕국은 다니엘이 예언한 왕국이며(단 7:18, 22, 27), 다윗 왕에게 약속한 나라이다(삼하 7:12,16; 시 89:3-4; 슥 12:8).

요한이 말하는 "그리스도와 더불어 천 년 동안 왕 노릇 하리라"는 나라이다(계 20:4-6).

③ 하나님 나라는 미래에 있을 새 하늘과 새 땅의 완전한 나라이다.

영원한 하나님 나라는 완전한 우주에서 영원히 하나님의 통치와 주권이 있음을 말한다(요 14:1-3; 고전 15:24; 벧후 3:10-13; 계 21:1). "또 내가 새 하늘과 새 땅을 보니 처음 하늘과 처음 땅이 없어졌고 바다도 다시 있지 않더라"(계 21:1).

영원한 나라는 미래에 믿는 자를 위해 존재하는 완전한 나라이며(고전 15:50; 계 21:4-5), 미래의 어느 때에 믿는 자가 들어가는 실제의 장소이며(마 8:11), 그리고 미래에 주어질 하나님의 선물이다. 예수님은 "적은 무리여 무서워 말라 너희 아버지께서 그 나라를 너희에게 주시기를 기뻐하시느니라"고 하셨다(눅12:32).

II. 셋째 하늘(하나님 나라)

(3) 셋째 하늘(The Third Heaven)

바울은 셋째 하늘(하나님 나라)에 관해 증언하고 있다. 바울은 "내가 그리스도 안에 있는 한 사람을 아노니 그는 십사 년 전에 셋째 하늘(the third heaven)에 이끌려 간 자라… 그가 낙원(paradise)으로 이끌려 가서 말로 표현할 수 없는 말을 들었으니 사람이 가히 이르지 못할 말이로다"(고후 12:2-4)(필자 밑줄)라고 했다.

사도 바울이 갔다 온 "셋째 하늘"은 "낙원"으로도 알려져 있음을 말하고 있다. 셋째 하늘은 하나님께서 계시는 곳이요(고후 12:2), 예수님이 계시는 곳이다(눅 23:43). 셋째 하

늘은 천국, 하늘나라. 낙원이라고도 한다.[4]

예수님은 하나님 나라(셋째 하늘)가 낙원임을 말씀하고 있다. 예수님께서 십자가에 못 박히시는 장면에서, 오른편의 행악자(강도)가 "예수여 당신의 나라(thy kingdom, KJV)에 임하실 때에 나를 기억하소서"라고 했을 때, 예수님은 "오늘 네가 나와 함께 낙원에 있으리라"(필자 밑줄)고 하셨다 (눅 23:42-43). 행악 자는 예수님에게 "당신의 나라"라고 표현을 했는데, 예수님은 행악자에게 "낙원"에 함께 있으리라고 하셨다.[5]

아브라함의 품은 낙원(천국)임을 말하고 있다. 누가복음 16:19-26의 부자와 거지 나사로의 이야기에서, 부자는 죽어서 음부(지옥)에서, 자기 문전에서 구걸하던 나사로가 "아브라함의 품"(눅 16:22)에 있는 것을 보게 된다. 부자는 "아버지 아브라함이여 나를 긍휼히 여기사 나사로를 보내어 그 손가락 끝에 물을 찍어 내 혀를 서늘하게 하소서 내가 이 불꽃 가운데서 괴로워하나이다"(눅 16:24)라고 탄원했다.

"아브라함의 품(Abraham's bosom)"은 낙원(하나님 나라)으로 해석한다.[6]

누가복음 13:28에서 "너희가 아브라함과 이삭과 야곱과 모든 선지자는 하나님 나라(the kingdom of God)에 있고 오직 너희는 밖에 쫓겨난 것을 볼 때에 거기서 슬피 울며 이를 갈리라"(필자 밑줄)고 하고, 마태복음 8:11에서 "또 너희에게 이르노니 동 서로부터 많은 사람이 이르러 아브라함과 이삭과 야곱과 함께 천국(the kingdom of heaven)에 앉으려니와"라고 했다. 아브라함과 이삭과 야곱이 간 곳은 "하나님 나라" 즉 셋째 하늘이다. 엘리야와 에녹도 수천 년 전부터 믿는 자의 영원한 집인 셋째 하늘에 거하고 있다.[7]

사탄은 원래 그룹이며 셋째 하늘에 있었다. 이사야 14:12에서 "너 아침의 아들 계명성이여(O Lucifer, son of the morning, KJV) 어찌 그리 하늘(셋째 하늘)에서 떨어졌으며 너 열국을 엎은 자여 어찌 그리 땅에 찍혔는고"라고 함으로써, 사탄도 셋째 하늘에서 전락하였음을 나타내고 있다. 에스겔 28:14에서 사탄은 원래 "기름 부음을 받고 지키는 그룹"이라고 했다.

사도 요한도 셋째 하늘이 있음을 말하고 있다(계 4:1). 사도 요한이 "이 일 후에 내가 보니 하늘에 열린 문이 있는데"(필자 밑줄)라고 했을 때, 요한은 '셋째 하늘'에 열린 문을 본 것이다.

솔로몬도 예루살렘 성전 건축을 위한 헌사에서 셋째 하늘을 말했다(대하 2:2-6). "하늘도, 하늘 위의 하늘(셋째 하늘)마저도 그분을 모시기에 좁을 터인데, (the heaven and heaven of heavens)(even the highest heavens) 누가 하나님을 모실 성전을 지을 수 있겠습니까? 하물며, 내가 무엇이기에 그분께 성전을 지어 드릴 수 있겠습니까? 다만 그분 앞에 향이나 피워 올리려는 뜻밖에 없습니다."(표준새번역) (필자 밑줄). "하늘들의 하늘"은 셋째 하늘을 지칭하고 있다.[8]

욥도 셋째 하늘을 언급하여(욥 22:12) "하나님은 높은 하늘에(in the height of heaven) 계시지 아니하냐"(필자 밑줄)고 했다.

(4) 셋째 하늘(하나님 나라, 하늘나라)의 명칭[9]

낙원(Paradise):

예수님께서 십자가에 달렸을 때. 우편 강도가 예수님을 향해 "예수여 당신의 나라에 (into your kingdom)(필자 밑줄)임하실 때에 나를 기억하소서"라고 했다. 예수님은 "내가 진실로 네게 이르노니 오늘 네가 나와 함께 낙원에(in paradise) 있으리라"고 하셨다(필자 밑줄)(눅 23: 42-43).

예수님이 말씀하시는 "낙원"은 "당신의 나라(셋째 하늘)"을 말한다. 셋째 하늘은 하나님의 보좌가 있은 곳이며, 의로운 자가 이 세상에서 영원한 나라로 갈 때 가는 곳이다(계 4:2). "낙원"과 "셋째 하늘"은 같은 곳임을 나타내고 있다.

사도 요한은 낙원을 보상을 받는 곳, 생명나무가 있은 곳이라고 한다. "이기는 그에게는 내가 하나님의 낙원에 있는 생명나무의 열매를 주어 먹게 하리라"고 했다(계 2:7)(필자 밑줄).

"아버지의 집"(the Father's House) (요 14:2-4)

사도 요한은 "아버지의 집"이라고 하고, 셋째 하늘에는 거할 곳(많은 방들, 많은 대 저택들)이 많다고 했다. 예수님은 제자들에게 "내 아버지 집(my Father's house)에 거할 곳이 많도다(many mansions) 그렇지 않으면 너희에게 일렀으리라 내가 너희를 위하여 거처를 예비하러 가노니 가서 너희를 위하여 거처를 예비하면 내가 다시 와서 너희를 내게로 영접하여 나 있는 곳에 너희도 있게 하리라"고 하셨다.

하늘에 있는 나라(본향)(the heavenly country) (히 11:13-16)

"13 이 사람들(아브라함, 이삭, 야곱)은 다 믿음을 따라 죽었으며... 땅에서는 외국인과 나그네임을 증언하였으니 14 그들이 이같이 말하는 것은 자기들이 본향 찾는 자임을 나타냄이라 15 그들이 나온 바 본향을 생각하였더라면 돌아갈 기회가 있었으려니와 16 그들이 이제는 더 나은 본향을 사모하니 곧 하늘에 있는 것(the country)이라 이러므로 하나님이 그들의 하나님이라 일컬음 받으심을 부끄러워하지 아니하시고 그들을 위하여 한 성을 예비하셨느니라"(필자 밑줄)

"셋째 하늘"을 "하늘에 있는 나라(본향)"라고 표현했다.

(5) 누가 셋째 하늘(하나님 나라)에 있는가?

하나님 아버지께서 셋째 하늘에서 보좌에 앉아 계신다 (계 4:2).

모든 천사가 보좌 앞에 엎드려 하나님께 경배하고 있으며 (계 7:11), 24장로들이 있고(계 4:4), 에녹과 엘리야와 마찬가지로 믿음으로 죽은 자들을 보게 될 것이다.

아브라함, 이삭, 야곱, 다윗 왕과 모든 선지자들이 있을 것이다. 흠 없는 어린양의 피로 씻음 받은 자들이 있을 것이다(고전 15:42-54). 예수님의 약속하신대로, "나 있는 곳에 너희도 있게 하리라"(요14:3)고 하셨다.

예수 그리스도께서 하나님 우편에 앉아 계셔서(벧전 3:22) 구원받은 성도들이 오기를 기다리실 것이다(계 3:21).

천사들도 셋째 하늘(하나님 나라)에서 산다 (막 13:32; 계 10:1).

히브리서 1:5-7, 13-14은 천사들에 관해 기록하고 있다. 하나님께서 맏아들을 세상에 보내실 때에는 "하나님의 천사들은 모두 그에게 경배하여라"고 말씀하셨다. "하나님께서는 하나님의 천사들을 바람으로 삼으시고, 하나님의 시중꾼들을 불꽃으로 삼으신다"고 하셨다. 천사들은 구원의 상속자가 될 사람들을 섬기도록 보내심을 받은 영들이다.

성경은 천사들에 관해 상세히 기록하고 있다. 천사들의 존재, 특성, 직책과 계급, 보호하고 방어하는 권능, 하나님께서 주신 임무 수행 등에 대해 말씀하고 있다.

천사들은 영적 존재로서(시 104:4), 상상도 못할 속도로 나타났다 사라진다. 천사는 순수 영이지만, 사람의 형상을 입을 수도 있다(창 19:1-3).

천사는 셋째 하늘에서 살지만(막 13:32; 계 10:1), 특정한 장소에 국한되어 있지 않고, 하늘에서나 땅에서 하나님이 주신 사명에 따라 섬기는 일을 한다(단 10:13; 히 1:14). 천사들은 살아있어서(겔 1:1-5) 영원하다(눅 20:36).

보좌를 호위하는 수많은 천사들이 있다(계 5:11). "내가 또 보고 들으매 보좌와 생물들과 장로들을 둘러 선 많은 천사의 음성이 있으니 그 수가 만만이요 천천이라"

천사들은 지위와 임무로 분류되어 있다[10]

천사들은 권세, 권위, 영광에 의하여 조직되어 있다. 천사들의 지위는 천사장들, 스랍들, 그룹들, 통치와, 권세와 능력과 주권으로 구성되어 있다(엡 1:21; 골 1:16; 벧전 3:22)

주의 천사(The Angel of the Lord)는 예수님을 지칭한다고 한다.

구약에서 주님 자신이 천사로 나타나는 것을 아는 것이 중요하다. 이런 경우에, "주의 천사" 혹은 "하나님의 천사"란 표현을 사용한다. 하나님 아버지께서 그의 아들을 천사의 형태로 사람에게 보내셨다는 것이다.

출애굽기 23:20-23에서 다음과 같이 기술하고 있다.

20 이제 내가 너희 앞에 한 천사를 보내어 길에서 너희를 지켜주며, 내가 예비하여 둔 곳으로 너희를 데려가겠다. 21 너희는 삼가 그 말에 순종하며, 그를 거역하지 말아라. 나의 이름이 그와 함께 있으므로, 그가 너희의 반역을 용서하지 않을 것이다. 22 너희가 그의 말에 절대 순종하여, 내가 명하는 모든 것을 따르면, 내가 너희의 원수를 나의 원수로 여기고, 너희의 대적을 나의 대적으로 여기겠다. 23 나의 천사가 너희 앞에서 너희를 아모리 사람과 헷 사람과 브리스 사람과 가나안 사람과 히위 사람과 여부스 사람이 있는 곳으로 인도할 것이다. 내가 그들을 전멸시키겠다(**출 23:20-23**)(표준새번역)

하나님의 백성을 보호하고 인도하는 이 천사는 누구인가? 천사는 메신저란 의미이다. 출애굽기 23:21에서 "너희는 삼가 그 말에 순종하며, 그를 거역하지 말아라"고 하셨다. 왜냐하면 그 분은 죄를 용서하는 권세와 권능을 가지고 있기 때문이며, 바로 하나님의 이름(여호와의 계시된 인격)이 그분 가운에 있기 때문이다. 이런 내용은, 그 분은 너무나 높으시기 때문에, 보통 천사들에게 적용하지 못한다. "주의 천사"가 모세와 이스라엘 자손들을 광야를 통해 인도하셨다. 그러기에 이 메신저는 하나님 자신임에 틀림이 없고, 더욱 특별하게 주 예수 그리스도라고 한다. 그 분은 계약의 위대한 메신저이며, 이 계약은 하나님께서 자기 백성과 맺은 것이다.[11]

여호와께서 출애굽기 33:14에서 "내가 친히 가리라 내가 너를 쉬게(안전하게)하리라"하시고, 출애굽기 32:34에서 "내 사자(천사)가 네 앞서 가리라"고 하셨다. 그리고 이사야 63:9은 "그들의 모든 환난에 동참하사 자기 앞의 사자로 하여금 그들을 구원하시며 그의 사랑과 그의 자비로 그들을 구원하시고 옛적 모든 날에 그들을 드시며 안으셨으나"라고 하셨다.

이 신비로운 "천사"는 하나님의 아들, 메시아, 이스라엘의 구원자, 세계의 구원자이신 나사렛 예수라고 한다.[12]

"여호와의 사자(천사)"가 하갈에게 나타나셨다(창 16:9-10). 하갈이 질투에 찬 사래의 학대로부터 도망쳤을 때, 여호와의 사자가 "내가 네 씨를 크게 번성하여 그 수가 많아 셀 수 없게 하리라"했다.

주의 사자가 또 한 번 하갈에게 나타나셨다. 하갈과 그녀의 아들이 작열하는 태양의 사막으로 추방되었을 때 하나님의 천사가 "내가 저 아이에게서 큰 민족이 나오게 하겠다"고 하셨다.

[상식]: 하갈의 아들 이스마엘은 아랍 국가들의 아버지가 되었다. 아랍 국가들은 오늘날 OPEC의 놀라운 부와 권력을 누리고 있다. (OPEC: Organization of the Petroleum Exporting Countries)]

"여호와의 사자"가 떨기나무 불꽃 가운데서 모세에게 나타났다(출 3:2). 2절 뒤에 같은 천사를 하나님으로 언급하고 있다. "하나님이 떨기나무 가운데서 그를 불러 이르시되 모세야 모세야 하시매 그가 이르되 내가 여기 있나이다 하나님이 이르시되 이리로 가까이 오지 말라 네가 선 곳은 거룩한 땅이니 네 발에서 신을 벗으라"(출 3:4-5)

출애굽기 3:6에서 "나는 네 조상의 하나님이니 아브라함의 하나님, 이삭의 하나님, 야곱의 하나님이니"라고 했다.

"여호와의 사자"가 기드온에게 나타나서 "큰 용사여 여호와께서 너와 함께 계시도다"고 했다(삿 6:12).

"여호와께서 발람의 눈을 밝히시매 여호와의 사자가 손에 칼을 빼들고 길에 선 것을 그가 보고 머리를 숙이고 엎드렸다"(민 22:31). 그리고서 하나님께서 발람을 만나주셨다(민 23:4),

이 특별한 만남의 결과로, 발람은 이스라엘과 유대 백성의 운명에 대한 4가지를 계시하는 예언을 했다.

첫째 예언(민 23:9-10)은 창세기 13:16에서 하나님께서 아브라함에게 주신 약속의 성취이다. "내가 네 자손이 땅의 티끌 같게 하리니 사람이 땅의 티끌을 능히 셀 수 있을진대 네 자손도 세리라"

둘째 예언(민 23:21-24)은 창세기 49:9에서 이스라엘 부족들에 관한 야곱의 예언을 언급하고 있다. "유다는 사자 새끼로다 내 아들아 너는 움킨 것을 찢고 올라갔도다 그가 엎드리고 웅크림이 수사자 같고 암사자 같으니 누가 그를 범할 수 있으랴" 유다는 이스라엘 전 국가를 나타낸다[상식: "유다"에서 "유대인"이란 말이 나옴]. 그 국가는 결국 다윗왕이 통치하게 된다.

발람의 셋째와 넷째 예언(민 24:7-9, 17-19)은 창세기 12:3에서 보게 되는 이스라엘과 관계하는 국가들의 축복을 포함하여 메시아와 그의 왕국의 도래(사 9:6-9)에 관한 계시이다.

천사장(The Archangel) 미가엘

"천사장 미가엘이 모세의 시체에 관하여 마귀와 다투어 변론할 때에 감히 비방하는 판결을 내리지 못하고 다만 말하되 주께서 너를 꾸짖으시기를 원하노라 하였거늘"(유 9)(필자 밑줄).

천사장은 데살로니가전서 4:16과 유다서 9에서 언급되어 있다. 다니엘서 10:13에서 "가장 높은 군주 중 하나인 미가엘"이라 했다. 요한계시록 12:7에서 "미가엘과 그의 사자들"이라고 했다.

"미가엘"은 히브리어로 "하나님과 같은 자"란 뜻으로 그의 주된 임무는 이스라엘 국가와 유대 민족을 수호하는 일이다. 미가엘이 이스라엘의 수호자로 기술된 3곳은 다니엘 10:13, 21; 12:1 이다.

다리오 바빌론 왕 때, 다니엘이 이스라엘을 위해 21일 동안 금식기도를 하고 있었다. 주의 천사(가브리엘)가 셋째 하늘을 떠나 다니엘에게 왔으나, 도중에 바사(Persia) 왕(귀신의 왕)의 방해로 21일간 지체되었다. "그 때에 너의 백성을 지키는 위대한 천사장 미가엘이 나타날 것이다"(단 12:1)

가브리엘(Gabriel)

"천사가 대답하여 이르되 나는 하나님 앞에 서 있는 가브리엘이라 이 좋은 소식을 전하여 네게 말하라고 보내심을 받았노라"(눅 1:19)

가브리엘은 [히]"하나님은 나의 강하신 분"이란 뜻이다. 가브리엘은 성경에서 이름을 밝힌 4천사들 중의 하나이다. 첫째는 루시퍼(사 14:12), 둘째는 미가엘(유 9), 셋째는 가브리엘, 넷째는 [히]아바돈 혹은 [헬]아볼루온(계 9:11)이다.

가브리엘은 하나님의 개인 대사로 성경에 4번 언급되고

있다. 가브리엘은 인류에게 초자연적인 소식을 전하는 다른 메신저(천사)들보다 더 높은 자리에 있는 천사이다.

가브리엘은 성경에서 독특한 때에 4번 언급되어 있다.

첫째, 가브리엘은 하나님으로부터 보냄을 받아(단 8:15-16) 선지자 다니엘에게 세상 종말에 일어날 일에 대한 환상을 해석해 주었다(단 8:1-14).

둘째, 가브리엘은 다니엘에게 거룩한 성 예루살렘과 이스라엘에 관한 70이레의 사건을 설명해 주었다(단 9:21-27).

셋째, 가브리엘이 사가랴에게 세례자 요한의 탄생을 선포했다(눅 1:11-20).

넷째, 가장 중요한 것으로서, 가브리엘은 마리아에게 예수님 탄생을 선포했다(눅 1:26-33).

그룹들(Cherubim)

"이같이 하나님이 그 사람을 쫓아내시고 에덴동산 동쪽에 그룹들과 두루 도는 불 칼을 두어 생명나무의 길을 지키게 하시니라"(창 3:24)

그룹들은 에덴동산의 문을 지키고 서서 죄 된 사람이 들어오지 못하게 했다(창 3:24).

성막에서 그룹들은 지성소에 있는 법궤위의 속죄 판을 덮고 있는 금으로 된 그룹들이다(출 25:17-22).

다윗 왕은 주께서 셋째 하늘에서 그룹의 바람 날개 위를 타고 오신다고 기술하고 있다(삼하 22:11).

솔로몬 왕은 성전의 성소 안과 밖을 장식하는데 그룹들을 사용하였다(왕상 6:23-35).

에스겔이 본 환상 가운데서, 그룹들이 성전으로부터 주님의 영광을 호위하는 것을 보았다(겔 1:4-5; 10:15-20).

루시퍼(Lucifer)는 그룹이었으며 하나님의 피조물 중에서 가장 아름다웠고 가장 지혜로웠다(겔 28:14-16).

하나님은 루시퍼를 하나님의 보좌를 둘러싸고 있는 그룹들 위에 권세의 자리를 주었으나, 교만 때문에 루시퍼는 셋째 하늘에서 전락하게 되었다(O Lucifer, 사 14:12).

루시퍼와 그의 전락한 천사들을 따르지 않고(마 25:41), 하나님에게 충실하게 남아있는 천사들은 "택하심을 받은 천사들"이라 했다(딤전 5:21).

그룹들은 사자 같은 힘, 사람 같은 지혜, 독수리 같은 속도, 소와 같은 섬김을 가진 것으로 묘사되고 있다(겔 1:10). 이들 4가지 상징들은 이 땅에서 하나님의 의로운 종들의 4가지 특성을 나타낸다.

[비교]: 보좌 주위에 4생물(계 4:7): "그 첫째 생물은 사자 같고 그 둘째 생물은 송아지 같고 그 셋째 생물은 얼굴이 사람 같고 그 넷째 생물은 날아가는 독수리 같은데"

의로운 자(믿는 자)의 첫 번째 특성은 사자처럼 담대해야 한다(잠 28:1). 사악한 자가 당신을 비방하면, 지극히 기뻐하고 즐김으로 포효하라. 공격을 당하면, 그리스도의 전신갑주를 입고 역공하라. 박해를 당하면, 맹렬히 공격하라. 포기하고 싶으면 "끝까지 견디는 자는 구원을 얻으리라"(마 24:13)는 말씀을 기억하라.

의로운 자의 두 번째 특성은 사람의 특성이다. "모든 사람이 두려워하여 하나님의 일을 선포하며 그의 행하심을 깊이 생각하리로다"(시64:9). 인간의 지혜는 하나님으로부터 왔기에, 하나님의 뜻에 따라 사용해야 한다. 주님은 우리의 구원자이시고, 우리는 그의 종들이다. 우리는 부름을 받고, 기름부음을 받고, 선택된 자들이다. 우리는 인간이기 때문에, 우리는 실패할 수도 있다. 실패는 죄가 아니다. 우리는 툴툴 털고 다시 일어서야 한다.

의로운 자의 세 번째 특성은 독수리 같은 것이다. "오직 여호와를 앙망하는 자는 새 힘을 얻으리니 독수리가 날개 치며 올라감 같을 것이요 달음박질하여도 곤비하지 아니하겠고 걸어가도 피곤하지 아니하리로다"(사 40:31). 독수리는 폭풍의 역풍을 타고 힘들이지 않고 날아오른다. 하나님의 얼굴을 대면할 때까지 높이 오르고 또 높이 올러라.

의로운 자의 네 번째 특성은 소와 같은 특성이다. 소는 끈기 있게 터벅터벅 일한다. 소는 쟁기를 고정돈 걸음으로 아침부터 저녁까지 매일 매일 과업이 끝날 때까지 당긴다. 삶의 승리자인 하나님의 사람들은 일을 급히 끝내는 사람이 아니라, 끈기 있게 사명을 완수 할 때까지 매일 매일 경작해야 한다. 바울은 "나는 선한 싸움을 싸우고 나의 달려갈 길을 마치고 믿음을 지켰으니"(딤후 4:7)라고 했다.

[상식]: 마태복음은 사자 복음, 마가복음은 소 복음, 누가복음은 사람 복음, 그리고 요한복음은 독수리 복음

스랍들(Seraphim)

이사야 6:1-2에서 다음과 같이 기술하고 있다.

1 웃시야 왕이 죽던 해에 내가 본즉 주께서 높이 들린 보좌에 앉으셨는데 그의 옷자락은 성전에 가득하였고 2 스랍들이 모시고 섰는데 각기 여섯 날개가 있어 그 둘로는 자기의 얼굴을 가리었고 그 둘로는 자기의 발을 가리었고 그 둘로는 날며(필자 밑줄)

"스랍(seraph)"이란 말은 히브리어 동사 어원 "sarap"에서 온 말로서, "타다" "빛을 내다"란 뜻이다.

스랍들은 하나님의 보좌 주변에 서서 3번 "거룩하다. 거룩하다, 거룩하다"라고 부르짖는다(사 6:3). 그들의 임무는 하나님의 온전히 거룩하심을 찬양하고, 선포하고, 보호한다. 하나님의 존전에 가고자 하는 자는 누구든지 이들 스랍들이 내뿜는 불을 통해 지나가야 한다.

이사야에 보면, 하나님의 거룩함을 지키는 스랍들의 예를

볼 수 있다. 이사야가 망하게 되었다 입술이 부정한 내가 여호와를 뵈었다고 했다. "그 때에 그 스랍 중의 하나가 부젓가락으로 제단에서 집은 바 핀 숯(타고 있는 숯)을 손에 가지고 내게로 날아와서 그것을 내 입술에 대며 이르되 보라 이것이 네 입에 닿았으니 네 악이 제하여졌고 네 죄가 사하여졌느니라 하더라"(사 6:6-7)(필자 밑줄)

"타고 있는 숯"은 피의 희생이나 성령의 불로서 죄로부터의 정화(깨끗이) 했음을 상징한다. 숯불은 인간들에게 주는 이사야의 매세지에 기름 부었음을 말한다. 선지자 이사야는 개인적으로 구원을 받은 날을 경험한 것이다. 이사야의 입술에 숯불로 대며 죄 사함을 받게 된 것은 예수 그리스도의 십자가의 궁극적인 구원의 희생의 그림자이다.

[참고]: 천사들이 개입한 사건을 연구해봄이 좋다고 생각한다. 엘리사를 두루 에워싼 불 말과 불 수레(왕하 6:12-14)(왕하 6:17), 사자굴 속의 다니엘(단 6:16)(단 6:22-23), 베드로의 탈옥(행 12:7-11), 요한계시록의 천사들

(6) 셋째 하늘(하나님 나라)는 어떤 곳이냐?

상상할 수 없이 아름다운 곳

하나님 나라(셋째 하늘)는 상상조차 할 수 없는 아름다운 곳이라고 바울은 "하나님이 자기를 사랑하는 자들을 위하여

예비하신 모든 것(하나님 나라)은 눈으로 보지 못하고 귀로 듣지 못하고 사람의 마음으로 생각하지도 못하였다 함과 같으니라"고 했다(고전 2:9)(참조: 사 64:4)

찬란하게 빛나는 곳

셋째 하늘에서는, 하나님의 영광이 그 도성을 밝혀 주며, 어린 양이 그 도성의 등불이시기 때문에 해나 달이 빛을 비출 필요가 없다(계 21:23).

하나님을 섬기는 곳

셋째 하늘에서는, 구원 받은 자들은 하나님의 보좌 앞에 있고, 하나님의 성전에서 밤낮 그분을 섬기고 있다고 했다(계 7:15).

기쁨과 영광이 충만한 곳

다윗은 "주께서 생명의 길을 내게 보이시리니 주의 앞에는 충만한 기쁨이 있고 주의 오른쪽에는 영원한 즐거움이 있나이다"(시 16:11)라고 했다(필자 밑줄). 셋째 하늘에는 기쁨이 충만하고 영원한 즐거움이 있는 곳이다.

사도 요한은 수천수만의 많은 천사들이 보좌와 생물들과 장로들을 둘러선 많은 천사들이 큰 음성으로 "죽임을 당하신 어린 양은 능력과 부와 지혜와 힘과 존귀와 영광과 찬송을 받으시기에 합당하도다"고 외치고, 그리고 하늘과 땅 위와 땅 아래와 바다에 있는 모든 피조물과, 또 그들 가운데 있는 만물이 "보좌에 앉으신 이와 어린 양에게 찬송과 존귀와 영광과 권능을 세세토록 돌릴지어다"고 외쳤다(계 5:12-13).

셋째 하늘나라(하나님 나라) 자체이신 분이 이 땅에 임재하심에 하늘과 땅이 기쁨의 찬송으로 충만함을 보고 들었다. 홀연히 수많은 하늘 군대가 천사들과 함께 하나님을 찬송하기를 "지극히 높은 곳에서는 하나님께 영광이요 땅에서는 하나님이 기뻐하신 사람들 중에 평화로다"(눅 2:14)하고 기쁨의 찬송을 불렀다.

보물이 쌓여 있는 곳(마 6:20)

"오직 너희를 위하여 보물을 하늘에 쌓아 두라 거기는 좀이나 동록이 해하지 못하며 도둑이 구멍을 뚫지도 못하고 도둑질도 못하느니라"

수정과 같이 빛나는 생명수의 강이 있는 곳

강 양쪽에는 열두 종류의 열매를 맺는 생명나무가 있고, 그리고 민족들을 치료하는데 쓰이는 나뭇잎이 있다(계 22:1-2).

불 수레와 불 말들과 마병들이 있는 곳(왕하 2:11-12)

백마를 타고 있는 흰 세마포 옷을 입은 군대들이 있다(계 19:11-14).

새 도시(새 예루살렘)가 있고(계 21:2), 찬양과 잔치가 있는 곳

많은 거할 곳(맨션, 대 저택)이 있고(요 14:2-3), 열두 진주로 된 열두 대문이 있고, 맑은 수정과 같은 순금으로 된 넓은 거리가 있다(계 21:21). 악기들이 있고 영광스러운 노래가 들려온다(계 5:8-9). 어린 양의 혼인 잔치를 위해 준비한 연회가 있다(계 19:7-10).

보상의 경이로움이 있는 곳

(마 5:12) "기뻐하고 즐거워하라 하늘에서 너희의 상이 큼이라"

(계 22:12) "보라 내가 속히 오리니 내가 줄 상이 내게 있어 각 사람에게 그가 행한 대로 갚아 주리라"

영광의 면류관이 있는 곳(벧전 5:2-4)

"2 너희 중에 있는 하나님의 양 무리를 치되 억지로 하지 말고 하나님의 뜻을 따라 자원함으로 하며 더러운 이득을 위하여 하지 말고 기꺼이 하며 3 맡은 자들에게 주장하는 자세를 하지 말고 양 무리의 본이 되라 4 그리하면 목자장이 나타나실 때에 시들지 아니하는 영광의 관을 얻으리라"(참조: 고전 15:58)(필자 밑줄)

기쁨의 면류관(crown of rejoicing)이 있는 곳(살전 2:19-20)

"19 우리의 소망이나 기쁨이나 자랑의 면류관이 무엇이냐 그가 강림하실 때 우리 주 예수 앞에 너희가 아니냐 20 너희는 우리의 영광이요 기쁨이니라"(참조: 눅 15:10)(필자 밑줄)

의의 면류관이 있는 곳(딤후 4:8)

"이제 후로는 나를 위하여 의의 면류관이 예비되었으므로 주 곧 의로우신 재판장이 그 날에 내게 주실 것이며 내게만 아니라 주의 나타나심을 사모하는 모든 자에게도니라"(필자 밑줄)

썩어지지 않을 면류관이 있는 곳(고전 9:24-25)

"24 운동장에서 달음질하는 자들이 다 달릴지라도 오직 상을 받는 사람은 한 사람인 줄을 너희가 알지 못하느냐 너희도 상을 받도록 이와 같이 달음질하라 25 이기기를 다투는 자마다 모든 일에 절제하나니 그들은 썩을 승리자의 관을 얻고자 하되 우리는 썩지 아니할 것을 얻고자 하노라"(필자 밑줄)

생명의 면류관이 있는 곳

(약 1:12)"시험을 참는 자는 복이 있나니 이는 시련을 견디어 낸 자가 주께서 자기를 사랑하는 자들에게 약속하신 <u>생명의 면류관</u>을 얻을 것이기 때문이라"(필자 밑줄)

(계 2:10)"너는 장차 받을 고난을 두려워하지 말라 볼지어다 마귀가 장차 너희 가운데에서 몇 사람을 옥에 던져 시험을 받게 하리니 너희가 십 일 동안 환난을 받으리라 네가 죽도록 충성하라 그리하면 내가 <u>생명의 관</u>을 네게 주리라"(필자 밑줄)

생명수(the water of life)를 받는 곳

(계 22:17)"성령과 신부가 말씀하시기를 오라 하시는도다 듣는 자도 오라 할 것이요 목마른 자도 올 것이요 또 원하는 자는 값없이 <u>생명수</u>를 받으라 하시더라"(필자 밑줄)

영원한 쉼(영생)을 누리는 곳

(요 3:36)"아들을 믿는 자에게는 <u>영생</u>이 있고 아들에게 순종하지 아니하는 자는 영생을 보지 못하고 도리어 하나님의 진노가 그 위에 머물러 있느니라"(필자 밑줄)

(계 14:13)"또 내가 들으니 하늘에서 음성이 나서 이르되 기록하라 지금 이후로 주 안에서 죽는 자들은 복이 있도다 하시매 성령이 이르시되 그러하다 그들이 수고를 그치고 <u>쉬리니</u> 이는 그들의 행한 일이 따름이라 하시더라"(필자 밑줄)

(7) 셋째 하늘에서 발견할 수 없는 것

죽음이 없고, 눈물이 없고, 슬픔이 없고, 질병이 없다.

(계 21:4-5) "모든 눈물을 그 눈에서 닦아 주시니 다시는 사망이 없고 애통하는 것이나 곡하는 것이나 아픈 것이 다시 있지 아니하리니 처음 것들이 다 지나갔음이러라 보좌에 앉으신 이가 이르시되 보라 내가 만물을 새롭게 하노라 하시고 또 이르시되 이 말은 신실하고 참되니 기록하라 하시고"

이별이 없다

(막 13:27) "또 그 때에 그가 천사들을 보내어 자기가 택하신 자들을 땅 끝으로부터 하늘 끝까지 사방에서 모으리라"

암 병동도, 심장 정밀 검사 병동도 없고, 휠체어도, 목발도 없다.

소경도, 귀머거리도, 정신병자도 없다. 요란한 사이렌 소리도 없다.

새 하늘과 새 땅에는 바다도 더 이상 없다.

"또 내가 새 하늘과 새 땅을 보니 처음 하늘과 처음 땅이 없어졌고 바다도 다시 있지 않더라"(계 21:1)

셋째 하늘에는 죄가 없다

예수님의 피 흘리심으로 정결함을 받았기 때문이다. (히 9:22)"율법을 따라 거의 모든 물건이 피로써 정결하게 되나니 피흘림이 없은즉 사함이 없느니라"

(8) 하나님 나라는 의와 평강과 희락이 있는 곳 (롬 14:17)

"하나님의 나라는 먹는 것과 마시는 것이 아니요 오직 성령 안에 있는 <u>의</u>와 <u>평강</u>과 <u>희락</u>이라"(필자 밑줄)

하나님 나라는 "의로움"(righteousness)이 있는 곳

의로움은 우리들의 행동, 사상, 예배, 의식, 자질구레한 것들이 어떻게 되었느냐를 말하는 것 아니다.

욥은 "인생이 어찌 하나님 앞에 의로우랴"했다(욥 9:2). 바울은 "기록된바 의인은 없나니 하나도 없으며"라고 했다 (롬3:10).

바울은 예수님을 만난 후 자신을 "배설물"로 여겼으며, 자신의 의(義)는 "율법에서 난 것이 아니요 오직 그리스도를 믿음으로 말미암은 것이니 곧 믿음으로 하나님께로부터 난 의라"(빌 3:8-9)라고 했다.

고린도후서 5:21에서 하나님께서는 죄를 모르신 분(예수)에게, 우리 대신에 죄를 씌우셨다고 하고, 그것은 우리가 그리스도 안에서 하나님의 의가 되게 하려 하심이라고 했다. (참조: 갈 2:16; 롬3:24)

하나님 나라는 평강(평화, peace)이 있는 곳

믿음으로 의롭게 되었음을 아는 순간, 우리는 하나님과 평화를 이루게 되고, 우리의 마음에 평화를 이루게 되고, 내 이웃과 평화를 이루게 된다. 이것이 하나님 나라이다.

부활하신 예수께서 엠마오 길의 두 제자에게 나타나셔서, "너희에게 평강이 있을지어다"라고 하셨다(눅 24:36).

하나님은 고레스 왕을 세우면서 "나는 빛도 짓고 어둠도 창조하며 나는 평안도 짓고 환난도 창조하나니 나는 여호와라 이 모든 일들을 행하는 자니라"(사 45:7)고 하셨다(필자 밑줄).

"한 아들을 우리에게 주신 바 되었는데 그는 평강의 왕이라 할 것임이라"(사 9:6-7)고 했다(필자 밑줄).

예수님은 "평안을 너희에게 끼치노니 곧 나의 평안을 너희에게 주노라"고 하시고 "너희는 마음에 근심하지도 말고 두려워하지도 말라"(요 14:27)고 하셨다.

하나님 나라는 성령 안에서의 희락(기쁨, joy)이 있는 곳

오순절 성령 세례를 받으니, 기뻐서 새 술에 취한 것 같았다고 했다(행 2:13). 성령 안에서의 희락(기쁨)은 의기양

양하고, 몹시 기쁘고, 승리에 취하고, 하나님께 영광을 돌리게 된다. 성령 안에서의 기쁨은 모든 환경의 영향을 초월한다. 이것이 하나님 나라이다.

[상식]: 1739년 1월 1(월) 새벽 3시 경, 존 웨슬리(John Wesley)는 런던의 패터 레인(Fetter Lane)에서 애찬식과 철야기도회 가졌다. 목사 7명과 60여 명의 믿음의 동지들이 하나님의 권능의 임재아래 많은 사람들이 "땅바닥에 쓰러져 버린" 영적 체험을 했다. 사람들은 넘쳐흐르는 기쁨으로 울부짖었고, "우리는 한 목소리로 주님을 찬양합니다."라고 했다.

우리의 삶에서 하나님의 임재하심이 깊이 느껴질 때, 기쁨이 충만하다. 이 기쁨은 다른 사람들과 나누어 체험하고자 하는 기쁨이다. 이 기쁨은 너무나 좋기에 혼자서만 간직할 수 없는 것이다.

이 기쁨은 삭개오가 자기 집에 그리스도를 받아들인 그 기쁨이다(눅 19:1-10). 이 기쁨은 재산 절반을 팔아서 가난한 자를 돕겠다는 기쁨이다. 이 기쁨은 믿음의 조상 아브라함의 자손이 되는 기쁨이다. 의와 평강과 희락의 하나님 나라가 임하면, 그 날의 모습은 이사야 11:6의 말씀처럼 "그 때에 이리가 어린양과 함께 살며 표범이 어린 염소와 함께 누우며 송아지와 어린 사자와 살진 짐승이 함께 있어 어린 아이에게 끌리며"라고 하는 모습이다.

(9) 영국 극작가 G. B. 쇼의 『안드로클레스와 사자』 이야기

영국의 극작가 G. B. 쇼(George Bernard Shaw, 1856-1950)는 『안드로클레스와 사자』(Androcles and the Lion)에서 로마의 양복 재단사 안드로클레스와 사자와의 흥미진진한 이야기를 하고 있다.

안드로클레스는 체구가 작고 여윈 편이며 정말 우스꽝스럽게 생긴 30-45세 가량의 남자로서 모래 빛 머리 털, 동정 어린 푸른 눈, 민감한 코, 보기 좋은 이마를 가졌었다. 그는 로마의 원로원들과 상류사회의 양복재단사로 돈벌이도 잘하여 부유하게 살고 있었다. 그의 아내 매가에라는 살이 토실토실하게 찐 한창 나이의 다소 예쁜 여인이었다.

그러나 그가 예수를 믿게 되었다. 그 사실이 알려지자 아내와 함께 도망쳐서 산속에 얼마간 피하고 있었다. 그들은 배가 고파서 산을 내려오고 있었다.

밀림 사이로 작은 길이 뚫려 있고, 그 길 가까이 밀림 속에서 사자 한 마리가 고통에 못이긴 듯 슬프게 우르릉 울고 있었다. 그 사자는 오른쪽 앞발을 치켜들고 세 발로 절름거리면서 천천히 밀림 속을 걸어 나오고 있었다. 치켜든 앞 발톱 사이에는 한 개의 거대한 가시가 박혀있었다. 사자는 가시 박힌 발을 혀로 빨기도 하고, 흔들어 보기도 하다가, 가시를 뽑아 버리려는 듯이 발을 땅에 문질렀다. 가시가 더 깊이 박혀들자 사자는 고통에 못 이겨 마치 트롬본 소리가 바람을 타고 들려오듯 길게 우르릉 하더니 절름거리며 길을 건너 나무 밑에 주저앉아 지친 나머지 잠이 들었다.

그 때, 양복 재단사인 안드로클레스와 그의 아내 매가에라가 그 산길을 지나가고 있었다. 그의 남루한 옷과 굶주려 뒤틀린 팔과 다리와 큰 짐을 등에 짊어지고 지쳐 있는 모습은 그를 초라하게 보이게 했다. 그의 아내 매가에라는 응석바지로 자란 여인이어서, 남편 뒤를 따라오면서, 더 이상 걷지 못하겠다고 응석을 부렸다.

매가에라는 안드로클레스가 예수를 믿어 기독교에 중독되었다고 불평을 하고, 또한 안드로클레스가 동물을 좋아하여, 집 없는 고양이, 개, 불구된 오리 등을 집에서 키우면서 종일 동물들과 대화까지 하면서도 자기와는 대화를 하지 않는다고 불평을 늘어놓았다. 제풀에 화가 난 매가에라는 혼자서 밀림 속을 달려가다가 잠자는 사자 위에 쓰러지게 되었다.

잠자던 사자가 놀라 우르릉하자 사자를 보고 놀란 매가에라는 다시 남편이 있는 쪽을 향해 도망 오고, 그 뒤를 사자가 우르릉거리며 따라 왔다. 안드로클레스는 부인을 등 뒤로 하고 사자를 가로막고 서서 겁에 질리면서도 침착하게 사자를 노려보았다.

그 때, 이상하게도 사자는 안드로클레스 앞에 앉아서 측은하게 우르릉하면서 오른 쪽 앞발을 치켜들었다. 안드로클레스는 큰 가시가 사자의 발톱 사이에 박힌 것을 보고 "아! 불쌍한 사자로군! 너무나 큰 가시가 발톱 사이에 박혀서 나 같은 작은 착한 기독교인을 아침식사로 잡아먹지 못하는군.

나같이 착한 작은 기독교인이 그 가시를 빼 줄 터이니, 그 다음에 나같이 착한 기독교인과 나의 토실토실하고 부드러운 아내를 잡아먹으렴."하고 유머에 찬 말을 하고는, 조심스럽게 가시를 잡아당겼다.

고통을 이기지 못한 사자는 우르릉 소리를 지르면서 앞발을 잡아 당겼다. 안드로클레스는 뒤로 나동그라졌다. 그러나 가시는 빠지지 않았다. 세 번을 시도한 다음에야 비로소 안드로클레스는 큰 가시를 빼내어 손에 들었다. 안드로클레스는 "주여, 내 영혼을 받아주소서!"하고 두 손으로 얼굴을 감쌌다.

그러나 사자는 한 발로 안드로클레스를 껴안고 다른 발로 그이 얼굴을 툭툭 쳤다. 사자는 감사의 표시로 하는 것 같았다. 안드로클레스와 사자는 좋아서 서로 부둥켜안고 환희 가운데 왈츠 춤을 추듯 빙빙 돌았다. 그리고는 사자는 밀림 속으로 사라졌다.

로마 황제는 기독교인들을 박해하는 방법으로, 큰 원형 경기장인 콜로세움에서 기독교인들을 사자와 싸우게 했다. 많은 기독교인들이 사나운 사자들의 이빨에 찍혀 피를 흘리며 죽어 갈 때, 로마 시민들은 야유와 박수를 보냈다.

안드로클레스도 잡혀왔다. 그 당시 기독교를 포기하겠다며 로마인들이 섬기는 주피터 신의 제단 위에 한 줌의 향료를 던졌다. 안드로클레스는 로마인들이 섬기는 주피터 신의 제단 위에 한 줌의 향료를 던지기를 거부했다. 그는 기독교를 포기하지 않고 결국 사자와 싸우게 되었다.

황제는 검투사들의 죽음의 경기를 지켜본 다음, 안드로클레스로 하여금 새로 잡아온 그때까지 본적이 없는 가장 사나운 큰 사자와 싸우게 했다. 황제가 손으로 신호를 하자, 거대한 우리의 쇠창살문이 열리고, 거대한 사자 한 마리가 풀려나와 경기장 벽 쪽을 돌면서 우르릉거리는 소리는 콜로세움 경기장을 쩡쩡 울리게 했다. 사자가 높은 벽을 뛰어오르려고 했을 때는 콜로세움의 로마인들도 겁에 질려 떨게 했다.

그 사자는 안드로클레스를 보는 순간 무섭게 우르릉거리고는, 쏜살같이 안드로클레스를 향해 달려왔다. 안드로클레스는 겁에 질려 떨다가 두 손을 하늘로 향하여 높이 들고 "주여 내 영혼을 받아 주시옵소서!"하고 마지막 기도를 올렸다. 그런데 이상하게도, 사자는 안드로클레스 가까이 다가오더니, 그의 얼굴을 쳐다보고, 냄새를 맡아보고, 우르릉거리는 작은 목소리를 내더니, 그를 등으로 밀어서 넘어뜨리고 그의 얼굴을 발로 툭툭 치는 것이었다.

안드로클레스가 눈을 떠서 바라보니, 사자는 세 개의 발로 절름거리면서 오른 쪽 앞발을 덜어 보이는 것이었다. 그 순간, 안드로클레스는 그 사자가 옛날 밀림 속에서 발톱 사이의 가시를 빼준 바로 그 사자임을 알았다. 안드로클레스와 사자는 서로 부둥켜안고 마치 왈츠 춤을 추듯 환희에 차서 빙빙 돌았다.

그 놀라운 광경을 본 황제와 모든 로마 시민들은 감탄해 마지않았다. 안드로클레스는 사자를 이끌고 황제가 있는 계단으로 올라갔다. 로마 시민들은 도망가기 시작했다. 겁에 질린 황제는 그래도 황제의 위엄을 갖추고는, 안드로클레스와 사자를 향하여 "짐의 친구들이여, 정말 믿을 수 없는 경이로운 일이 벌어졌군! 짐은 더 이상 기독교의 진리를 의심할 수 없게 되었어!"라고 말하고는 안드로클레스와 사자에게 자유를 주고, 모든 기독교인들을 석방했을 뿐만 아니라, 황제의 군사들에게 기독교인이 되라고 명령을 했다. 안드로클레스와 사자는 서서히 사라져 갔다.

안드로클레스가 자신의 위험을 무릅쓰고 어려움에 처해 있는 사자 한 마리에게 베푼 은혜가 훗날 자신과 모든 기독교인들의 생명을 구원하는 기적이 일어나게 했다. 또한 짐승인 사자도 여러 해가 지난 후임에도 불구하고 자신에게 베푼 은혜를 잊지 못해 어려운 상황에 처한 은인에게 옛날의 은혜를 보답한다는 사실은 우리에게 감동을 준다.

안드로클레스와 사자 사이에 이루어진 의로움과 평화와 기쁨이 하나님 나라이며, 사람과 사자 사이의 의와 평화와 기쁨이 로마 황제를 감동하게 하고, 로마의 기독교 박해를 끝나게 한 것이 바로 하나님 나라의 경험이리라!

(10) 하나님 나라의 삶의 형태

① 천국의 삶은 개인적인 삶이 존중되는 삶이다.

예수님께서 부활하신 이후에 우리가 만나는 예수님은(요

20-21장) 부활 이전에 복음서에서 만난 모습과 같은 분이시다(요 1-19장). "내 손과 발을 보고 나인 줄 알라 또 나를 만져보라 영은 살과 뼈가 없으되 너희 보는 바와 같이 나는 있느니라"(눅 24:39)

막달라 마리아와의 관계에서(요 20:10-18): 예수님이 말씀하시기를 "마리아야!"라고 하셨다. 마리아가 히브리 말로 랍오니여 하니 (이는 선생님이라). 너는 내 형제들에게 가서 이르되 내가 내 아버지 곧 너희 아버지, 내 하나님 곧 너희 하나님께로 올라간다 하라고 하셨다.

도마와의 관계에서(요 20:24-29): 의심 많은 도마에게 네 손가락을 이리 내밀어 내 손을 보고 내 옆구리에 넣어보라. 그리하고 믿음 없는 자가 되지 말고 믿는 자가 되라고 하셨다. 도마가 대답하여 가로되 "나의 주시며 나의 하나님이시니이다"고 했다. 예수님은 말씀하셨다. "너는 나를 본 고로 믿느냐 보지 못하고 믿는 자들은 복되도다"고 하셨다.

베드로와의 관계에서(요 21:15-22): 예수님께서 베드로에게 물었다. "요한의 아들 시몬아 네가 이 사람들보다 나를 더 사랑하느냐?" 베드로(요 21:17)는 "주여 그러하외다 내가 주를 사랑하는 줄 주께서 아시나이다"라고 했다. 예수님은 "내 어린 양을 먹이라"고 3번 반복하셨다. 베드로의 초기의 예수님에 대한 충성맹세를 기억나게 하셨다.

→ 하나님 나라의 삶은 개인적인 정체(identity)를 보존하고 있다.

② 천국의 삶은 그리스도 중심의 삶이다(요 20:17).

예수님께서 막달라 마리아에게 "나를 붙들지 말라 내가 아직 아버지께로 올라가지 아니하였노라"고 하셨다. 예수님은 "너는 내 형제들에게 가서 말하라"고 하심으로써 형제들에게 전하라는 사명을 주셨다. "내가 내 아버지 곧 너희 아버지, 내 하나님 곧 너희 하나님께로 올라간다 하라"

(요 20:19-23) 제자들이 문들을 닫고 있었다. 예수님께서 오사 "너희에게 평강이 있을지어다"고 하셨다. 손과 옆구리를 보이시니 제자들이 주를 보고 기뻐하였다. 예수님은 "아버지께서 나를 보내신 것 같이 나도 너희를 보내노라"고 하셨다. 예수님(하나님 나라)을 전하는 사명을 주시고, 성령을 받으라고 하심으로써 전하는 권능을 주셨다.

(요 20:24-29) 10일 지나 제자들이 다시 집 안에 있을 때에 도마가 손가락으로 예수의 손과 옆구리에 넣어 보고서, 도마가 "나의 주님이시요 나의 하나님이시니이다"라고 했다.

(요 21:1-22) 예수님은 제자들에게 "그물을 배 오른편에 던지라"고 하셨다. 153마리를 잡았다. 예수님은 "시몬아 네가 나를 사랑하느냐?"고 하시고, "내 양을 치라"고 하셨다.

(마 28:18-20) 예수께서 "하늘과 땅의 모든 권세를 내게 주셨으니" 모든 민족을 제자로 삼아 아버지와 아들과 성령의 이름으로 세례를 베풀고, 모든 것을 가르쳐 내가 세상 끝날 까지 너희와 항상 함께 있으리라 하셨다.

(막16:19-20) "주 예수께서 말씀을 마치신 후에 하늘로 올려지사 하나님 우편에 앉으시니라 제자들이 나가 두루 전파할새 주께서 함께 역사 하사 그 따르는 표적으로 말씀을 확실히 증언하시니라"

→ 따르는 표적으로 말씀(예수, 하나님 나라)을 증거 했다.

(행 1:1-11) 예수님은 40일 동안 그들에게 보이시며 하나님 나라의 일을 말씀하셨다. 성령의 권능으로 땅 끝까지 이르러 예수의 증인이 되리라 하셨다.

(계 5:5-6, 12, 13) 예수님은 유대 지파의 사자 다윗의 뿌리. 죽임 당한 어린 양이시다. "큰 음성으로 이르되 죽임을 당하신 어린 양은 능력과 부와 지혜와 힘과 존귀와 영광과 찬송을 받으시기에 합당하도다" 하늘 위에와 땅 위에와 땅 아래와 바다 위에 모든 피조물이 "보좌에 앉으신 이와 어린 양에게 찬송과 존귀와 영광과 권능을 세세토록 돌릴지어다"

③ 천국의 삶은 해방된 삶이다.

예수님은 죄의 속박으로부터 자유 하셨다. 예수님은 질병과 죽음과 같은 육체적인 힘으로부터 자유 하셨다. 예수님은 하나님과 하나님의 목적의 무지로부터 자유 하셨으며, 한 없이 사랑하지 못하는 무능력으로부터 자유 하셨다.

→ 누구든지 예수님에게 오는 자들에게 자유를 주시겠다고 하셨다.

예수님의 부활 이후 그의 자유는 더 한층 고차원적이었

다. 육체적인 차원에서, 나타나심, 살아지심, 재현하심을 뜻대로 하셨다. 도덕적 영적으로 인류의 죄의 짐을 감당하시고 온전하셨다.

→ 예수님을 믿는 자들에게 영원한 자유함의 천국을 약속하셨다.

→ (롬 8:21)"곧 피조물도 사멸의 종살이에서 해방되어서, 하나님의 자녀가 누릴 영광된 자유를 얻는다는 것입니다."(표준새번역)

④ 천국의 삶은 공동체적인 삶이다.

예수님은 부활 후에 제자들에 대한 간절한 관심으로 활동하셨다.

(행 1:2-3) "그가 택하신 사도들에게 성령으로 명하시고 승천하신 날까지의 일을 기록하였노라 3 그가 고난 받으신 후에 또한 그들에게 확실한 많은 증거로 친히 살아 계심을 나타내사 사십 일 동안 그들에게 보이시며 하나님 나라의 일을 말씀하시니라"

→ 40일 동안 제자들에게 보이시며 함께 하나님 나라 일을 말씀하셨다.

(행 1:4-8) 사도들이 예루살렘에서 아버지께서 약속하신 성령을 기다렸다. "오직 성령이 너희에게 임하시면 너희가 권능을 받고 예루살렘과 온 유대와 사마리아와 땅 끝까지 이르러 내 증인이 되리라" 막달라 마리아(요 20:10-18), 도마

(20:24-29), 베드로(21:15-22) 개인이 예수님의 부활이후 상호 예수님에게로 모였다.

  → 제자들은 상호 돌봄과 참여와 사랑으로 천국 공동체를 즐거워했다.

  → 모든 사람(개인들)을 위하여 절대적 사랑을 나타내었다.

⑤ 천국의 삶은 충만한(완성된) 삶이다.

(요 20:19) 부활하신 첫 마디가 "샬롬(Shalom)"이었다. "이 날 곧 안식 후 첫날 저녁 때에 제자들이 유대인들을 두려워하여 모인 곳의 문들을 닫았더니 예수께서 오사 가운데 서서 이르시되 너희에게 평강이 있을지어다"

샬롬은 온전하다, 완전하다는 뜻이며, 의로움, 정의로움, 기쁨, 평화의 축복을 포용한다. 샬롬은 하나님의 손에 있는 모든 좋은 것과 영적 완성을 의미한다. 삼위일체 하나님의 자녀로서 우리의 삶의 완전한 성취를 말한다.

우리는 새로운 땅과 새로운 하늘에서 영광스러운 충만한 삶을 누리게 될 것이다. 부활은 하나님 나라의 도래의 증거이다(희망이나 꿈이 아니다.)

(11) 요한계시록의 새 하늘과 새 땅과 새 예루살렘(계 21:1-22:5)

　　새로운 창조, 새 하늘과 새 땅과 새 예루살렘이 있을 것이다. "1 또 내가 새 하늘과 새 땅을 보니 처음 하늘과 처음 땅이 없어졌고 바다도 다시 있지 않더라 2 또 내가 보매 거룩한 성 새 예루살렘이 하나님께로부터 하늘에서 내려오니 그 준비한 것이 신부가 남편을 위하여 단장한 것 같더라"(계 21:1-2)

　　이사야는 이사야 65:17과 66:22에서 "새 하늘과 새 땅"에 대해 이미 언급하기를 "보라 내가 새 하늘과 새 땅을 창조하나니 이전 것은 기억되거나 마음에 생각나지 아니할 것이라"고 하고, "내가 지을 새 하늘과 새 땅이 내 앞에 항상 있는 것 같이 너희 자손과 너희 이름이 항상 있으리라 여호와의 말이니라"고 했다. 그리고 베드로도 "우리는 그의 약속대로 의가 있는 곳인 새 하늘과 새 땅을 바라보도다"(벧후 3:13)하고 이미 언급하고 있다.

거룩한 성 새 예루살렘은 하나님께로부터 하늘에서 내려온다(21:2).

　　새 예루살렘은 새 하늘과 새 땅의 수도이다. 새 예루살렘 안에 주님의 보좌가 있어서, 거기로부터 주님은 영원을 통해 통치하실 것이다. 새 예루살렘은 하나님께로부터 하늘에서 내려온다고 했다. 그 도시는 땅에서 건조된 것이 아니라, 하나님께서 하늘(현존하는 하늘나라, 셋째 하늘, 낙원)에서 세우시고, 땅으로 옮겨놓은 것이다. [13]

예수님께서 제자들에게 "내 아버지 집에 거할 곳이 많도다 그렇지 않으면 너희에게 일렀으리라 내가 너희를 위하여 거처를 예비하러 가노니 가서 너희를 위하여 거처를 예비하면 내가 다시 와서 너희를 내게로 영접하여 나 있는 곳에 너희도 있게 하리라"고 하셨다(요 14:2-3). 앞에서 하신 예수님의 이 말씀은 새 예루살렘을 준비하시는 언급이라고도 생각할 가능성도 있다고 한다. [14]

랍비 슈나이댈(K. A. Schneider)에 의하면, 사도 요한이 우리가 알기를 원하는 것은, 그가 본 새 하늘과 새 땅(새 예루살렘)은 셋째 하늘(하늘나라, 낙원)과 다르다는 것이다. 믿을 수 없을 정도의 엄청난 하나님의 보좌에 대한 설명과 장로들과 천사들과 성도들에 관한 언급과 현존하는 하나님 나라에서의 모든 피조물들의 예배는 필설로 이루 다 말할 수 없을 정도로 엄청나다. 그러나 새 하늘과 새 땅과 새 예루살렘의 뛰어남은 현존하는 엄청난 하나님 나라를 능가한다는 것이다. [15]

랍비 슈나이댈은 처음 하늘과 처음 땅이 없어지고 새 하늘과 새 땅이 세워지는데(계 21:1; 사 65:17; 66:22, 새 하늘과 새 땅은 두 개의 다른 장소가 아니라 하나라고 한다. 마치 하나님께서는 신부(우리들)와 신랑(예수님)이 하나로 함께하는 날을 갈망하시는 것처럼, 하늘과 땅 사이가 분리함이 없는 날을 원하시는 것이다. 하나님은 피조된 우리가 (모든 것이) 하나님의 이미지와 하나님의 영광을 온전하게 나타내기를 원하시는 것이다. 예수님이 가르치신 주기도문의 "나라가 임하시오며 뜻이 하늘에서 이루어진 것 같이 땅에서도 이루어지이다"(마 6:10)가 완전히 성취 될 것이다. 하나님의 창조 된 모든 것이 진실로 하나로 될 것이다. 바울이 "하늘에 있는 것이나 땅에 있는 것이 다 그리스도 안에서 통일되게 하려 하심이라"(엡 1:10)라는 말씀이 이루어 지는 것이다. 하나님 아버지의 궁극적인 계획은 우주에 있는 모든 것(하늘과 땅)이 하나님의 아들 예수 그리스도를 통하여 하나 되는 것이리라. 얼마나 놀라운 일인가![16]

우리가 생각하기를 하나님 나라(셋째 하늘, 낙원)에서 우리는 순수한 영적인 존재로 삶을 영위하겠지만, 그러나 새 하늘과 새 땅에서는 우리는 육신적인 몸을 가지게 될 것이다(지금 우리가 가진 육체와는 분명히 다른 완전한 몸으로). 우리는 바울이 "이 썩을 것이 반드시 썩지 아니할 것을 입겠고 이 죽을 것이 죽지 아니함을 입으리로다"고 한 것처럼, 새 하늘과 새 땅에서는 육체의 몸을 가지게 될 것이다.[17]

예수님의 부활은 새 하늘과 새 땅의 삶은 육체로 살아난 구체화된 삶임을 예시하고 있다. 예수님의 부활로 무덤이 비었다. 예수님의 부활의 육체적 특징은 부활 후 육체적 상처가 그대로 있는 것이다. 부활하신 후 제자들과 식사를 하셨다. 단순한 영적인 출현만은 아니다. 부활 때 몸으로 부활하셨다. 예수님은 "내 손과 발을 보고 나인 줄 알라 또 나를 만져 보라 영은 살과 뼈가 없으되 너희 보는 바와 같이 나는 있느니라"(눅 24:39)고 하시고, 손과 옆구리를 보이시니 제자들이 주님을 보고 기뻐했다(요 20:20). 그리고 도마에게 말씀하시기를 "네 손가락을 이리 내밀어 내 손을 보고 네 손을 내밀어 내 옆구리에 넣어 보라 그리하여 믿음 없는 자가 되지 말고 믿는 자가 되라"(요 20:27)고 하셨다. 우리는 육체를 입은 새로운 삶으로 부활하여 주님과 새 하늘 새 땅과 새 예루살렘에서 영원한 삶을 누릴 것이다.

새 예루살렘은 거룩하신 만군의 여호와의 영광이 충만한 곳이다(사 6:3; 계 4:8). 그 도시는 거룩한 하나님께서 임재하고 계심으로, 거룩한 장소가 될 수밖에 없다. 우리가 이 도시에 참여하는 것은 하나님의 불가해한 은총이다. 그 도시는 하나님의 임재하심, 영광, 존귀함이 나타나는 곳이다. 새 예루살렘에서 주님은 보좌에 좌정하셔서 영원을 통해 통치하신다.

새 예루살렘은 삼위일체 하나님과 사람과의 친교가 맺어지는 공동체이다. 거룩한 도시 새 예루살렘은 남편을 위하여 단장한 신부와 같아서, 그 도시에서는 주님은 "귀여운 신부"인 우리와 사랑과 친밀성으로 영원한 삶을 누릴 것이다. 우리는 마침내 하나님을 위해서 사랑스런 존재가 될 것이다(살전 5:23-24).

하나님은 사랑이시므로(요일 4:16), 우리는 하나님의 피조물로서 사랑 안에서 사랑을 위해서 창조되었기에, 우리는 서로를 사랑하고 사랑 받아야 하며, 궁극적으로 하나님으로부터 사랑을 받도록 되어 있다. 새 예루살렘은 영원히 완전한 사랑을 주고받는 축복의 곳이다.

우리가 아는 처음 하늘(우주 공간의 천체들)은 없어질 것이다(계 21:1).

타버려서 소멸되는 별도 천체도 더 이상 없을 것이다. 요한은 크고 흰 보좌와 그 위에 앉으신 분을 보았으며, 땅과 하늘이 그 앞에서 사라지고, 그 자리마저 찾아볼 수 없었다고 했다(계20:11). 우리 위에 있는 모든 하늘(태양, 달, 별들, 행성들)은 파괴되고 새로 만들어 질 것이다. 하나님께서 재창조하신 완전한 우주가운데 하늘이 얼마나 장엄하고 아름답고 찬란하고 영광스러운가를 상상해 보자!

우리가 아는 처음 땅은 없어질 것이다(계 21:1).

현재의 땅은 저주받아 불완전하다. 지구는 지진, 화산폭발, 해열, 폭풍우, 홍수, 뜨거운 열, 사막, 기아, 질병, 죽음과 같은 모든 종류의 자연 재해로 고통을 당했다.

하나님이 창조하시는 새 땅에는 더 이상 재난도, 파괴도, 가시나무도, 사막화된 땅도, 기아와 갈증도, 질병도, 부패도, 죽음도 없을 것이다.

새 땅에는 풍요롭게 맺히는 과일, 아름다운 푸른 동산과 장엄한 산들, 모든 것이 안전하고 완전할 것이다.

바다도 없어질 것이다(계 21:1).

바다는 악의 근원으로 알려져 있다. 바다에서 신성모독 하는 용이 나왔다고 하고(계 13:1), 바다에서 모양이 서로 다르게 생긴 큰 짐승 4마리가 올라왔다고 했다(단 7:3).

바다가 없어졌다는 것은 더 이상 악이 없다는 것을 의미 한다. 하나님께서 "내가 모든 것을 새롭게 한다"(계 21:5)고 선포하셨다.

영원의 수도 새 예루살렘에 장막이 세워진다(계 21:3).

장막(성막)은 구약의 장막에서 이스라엘의 예배의 중심지 로서, 하나님의 임재와 영광이 특별하게 있는 곳이었다.

새 도시의 하나님의 장막은 하나님의 임재와 영광이 우리 와 함께 하심을 말한다. 하나님은 우리와 함께 계실 것이고, 우리는 하나님의 백성이 되고, 하나님은 친히 우리와 함께 계셔서, 우리는 영원히 하나님과 직접 친교를 갖게 될 것이 다. 하나님과 웃으며 즐거워하고, 하나님을 경배하며 찬양 하며, 하나님을 위해 섬기며 사역할 것이다. 하나님의 임재 하심과 영광과 충만하심과 풍요로움이 영원히 우리와 함께 하실 것이다(계 21:3).

새 하늘과 새 땅에서는 삶이 완전하게 될 것이다(계

21:4). 인간의 몸도 완전하게 될 것이고, 환경도 땅도 완전하게 될 것이다. 인간이 추구하는 모든 삶과 유토피아도 현존하는 현실이 될 것이다. 모든 고통과 악하고 나쁜 것과 부정적인 경험이 사라지게 될 것이다.

하나님은 우리의 눈에서 "모든 눈물을 닦아 주실 것"이다.

죽음이 없을 것이다. 더 이상 노화, 살인, 살상, 전쟁, 장례, 묘지 등은 없을 것이다. 더 이상 애통함(슬픔)이 없을 것이다. 파산, 실패, 낙심, 범죄, 후회, 쇠약함, 열등의식, 무능, 기아, 갈증, 무주택, 결점 등은 없을 것이다. 더 이상 곡하는 일이 없을 것이다. 논쟁, 낙담, 노쇠함, 저주, 분열, 마약, 악, 이별, 쓰라림, 부도덕, 가슴앓이, 부담 등이 없을 것이다. 더 이상 고통이 없을 것이다. 질병, 사고, 고민, 재난, 구타, 싸움, 악용, 고뇌, 재해 등 정서적 육체적 고통은 없을 것이다.

신실하신 하나님은 자신이, 말씀으로, 주권으로, 지금 우리가 살고 있는 처음 것들이 다 지나갔다고 하시고(4절), "만물을 새롭게"하신다고 하셨다(5절).

하나님 자신이 새 하늘과 새 땅의 시민과 거부된 시민에 대해 말씀 하셨다(6-9절).

새 하늘과 새 땅의 시민은 생명수 샘물에 목마른 자이다(6절). 하나님은 생명수 물에 목마른 자에게 값없이 주시겠다고 하셨다. 생명수 물에 목마른 자는 하나님이 원하시는 완전한 삶을 알고자 목마른 자, 하나님 안에 있는 삶의 충만함을 알고자 목마른 자, 하나님이 인간을 위해 계획하신 삶의 희망을 알고자 목마른 자, 하나님을 갈망하는 사람이 새 하늘과 새 땅의 시민이 될 것이다.

새 하늘과 새 땅의 시민은 이기는(극복하는) 자이다(7절). 이기는 자는 이 세상을 이기고, 그리스도에게 충실 충성하는 자이다. 이기는 자는 순수하여 예수 그리스도를 따르는 자이다. 이기는 자는 모든 유혹과 삶의 시련을 이기는 자이다.

이기는 자에게는 두 가지 위대한 약속을 하셨다. 새 하늘과 새 땅이 주는 모든 것을 상속으로 받을 것이고, 하나님의 아들이 될 것이다.

새 하늘과 새 땅의 시민으로 거부된 자들은(계 21:8):

두려워하는(비겁한) 자들이다(8절). 다른 사람들의 말이 두려워 그리스도를 고백하지 않은 자, 그리스도를 위해 그리스도와 함께 서기를 두려워하는 자, 그리스도인들과 일체감으로 교제하기를 두려워하는 자, 세상을 포기하고 자신을 거부하지 않는 자, 믿지 아니하는 자들이다.

예수 그리스도가 하나님의 아들이며 구세주임을 믿지 않은 자, 예수 그리스도를 거부하고, 우리의 죄를 위해 그리스도의 십자가의 죽음을 거부하는 자, 흉악한(혐오스러운) 자들이다.

세속적이고 세속적인 삶을 추구하고 세속적인 삶에 오염된 자. 부정하고 세상의 욕망에 사로잡힌 자, 세상의 소유와 향락을 떠나 하나님께로 돌아오기를 거부한 자들이다.

살인자들이다. 다른 사람의 생명을 취하고 죽이는 자, 음행하는(부도덕한) 자들이다. 성적으로 부정하고, 간통, 혼전 성행위, 동성애, 하나님이 금하는 모든 성행위, 보고 읽고 생각하며 색욕에 빠지는 자들이다.

점술가들이다. 점성술, 마술, 사탄 숭배, 강신 술, 강령술, 점치는 것, 손금 보기 등 인간의 운명을 계시 조종한다는 모든 종류의 거짓 믿음을 믿는 자들이다.

우상 숭배자들이다. 모든 종류의 우상, 영웅 숭배, 하나님 앞에 땅의 것들을 두는 것, 하나님 보다 사람이나 그 무엇에 헌신하고 제1의 마음을 주는 자들이다.

거짓말 하는 자들이다. 진실을 말하지 않고, 거짓말을 하는 자. 다른 사람을 속이고 오도하는 자. 험담하고 거짓 소문을 퍼뜨리는 자들이다.

위에서 지적한 것들로부터 돌아서서 회개하지 않고, 하나님에게 용서를 구하지 않는 자는 새 하늘과 새 땅의 시민이 되지 못한다. 이런 자들은 "불과 유황으로 타는 못"에 던져지게 된다(8절).

하나님의 도시, 새 예루살렘(계 21:9-23):

새 하늘과 새 땅은 새 수도를 가지게 될 것이다. 새 도시는 하나님의 임재하심이 중심이 되고, 예수 그리스도가 지배하시는 곳이다.

새 도시는 몇 가지 이름으로 불러지게 된다. 새 예루살렘(계 21:2; 3:12), 하늘의 예루살렘(히 12:22), 거룩한 성(계 21:2), 거룩한 성 예루살렘(계 21:10). 하나님의 성(계 3:12), 위대한 도시(the Great City)(계 21:10) 등이다.

하늘에서 내려오는 거룩한 성 예루살렘:

새 예루살렘에는 도시의 영광이 있다(21:11). 이 영광은 바로 하나님 자신의 영광이다. 하나님의 영광은 온 도시에 빛을 주고 있다. 그 빛은 지극히 귀한 보석과 같고, 수정과 같이 맑은 벽옥과 같았다. 하나님의 영광은 너무나 빛으로 충만하고, 너무나 밝게 비춤으로, 태양이나 천체의 어떤 것도 도시에 빛을 비출 필요가 없었다. 하나님의 영광의 힘(권능)과 찬란함이 너무나 밝아서 태양으로부터 오는 광선보다 훨씬 강렬하였다.

새 예루살렘에는 크고 높은 성곽(성벽)이 있다(21:12). 그 성벽은 (악과 세상으로부터) 완전한 보호와 완전한 안전을 말한다.

새 예루살렘 성곽에는 12 대문들이 있다. 대문들은 그 위에 이스라엘 12 지파의 이름이 적혀 있다. 이것은, 하나님에게 올 수 있는 길은, 12 지파의 메시아, 유대인의 메시아이신 예수 그리스도를 통해서만 임을 상징한다. "구원이 유대인에게서 남이라"(요 4:22)고 했다. 하나님은 독생자, 구세주를 유대인들을 통해서 세상에 보내셨다.

대문들은 12 천사가 지키고 있다. 이것은 도시로 들어가는 출입구가 보호받고 있다는 상징이다. 하나님이 허락하시지 않는 자는 아무도 도시에 들어올 수 없다. 하나님의 독생자이신 예수그리스도를 통해서만 들어 올 수 있다.

도시의 4성곽에 각각 3개의 문이 있어, 모두 12 문이 있다(21:13). 동쪽에 3 문, 북쪽에 3 문, 남쪽에 3 문, 서쪽에 3 문이 있다. 이것은 지상의 모든 사람은 도시에 들어오도록 초청받았음을 상징한다. 도시에 들어오는 한 가지 요구조건은 예수 그리스도를 통해서 이다.

새 예루살렘 성곽에는 12 기초석이 있고, 그 위에는 어린양의 12 사도의 12 이름이 있다. 12 사도는 분명히 "어린양"의 사도들을 말한다. 도시의 12 기초석은 12 사도가 예수 그리스도는 하나님의 어린양 임을 증언하는 것을 의미한다. 도시에 사람들을 들어올 수 있게 하는 것은 하나님의 어린양 예수 그리스도의 희생의 죽음을 통해서이다. 하나님의 어린양 예수 그리스도가 자기의 죄를 위해 희생하셨음을 믿지 않는 자는 결코 도시에 들어올 수 없다. 도시의 기초석은 사도들이 증언하는 어린양에 대한 증언이다.

새 예루살렘 도시의 모양과 크기(21:15-17). 새 예루살렘 도시에 사용한 물질(21:18-21). 새 예루살렘 도시의 예

배(21:22). 새 예루살렘 도시의 빛, 하나님과 어린양의 영광
(21:23) 등은 이 논문에서는 취급하지 않기로 한다.

III. 낙원(Paradise)

(12) "네가 나와 함께 낙원에 있으리라" (눅 23:32-43)

32 또 다른 두 행악자도 사형을 받게 되어 예수와 함께 끌려 가니라 33 해골이라 하는 곳에 이르러 거기서 예수를 십자가에 못 박고 두 행악자도 그렇게 하니 하나는 우편에, 하나는 좌편에 있더라...... 40 하나는 그 사람을 꾸짖어 이르되 네가 동일한 정죄를 받고서도 하나님을 두려워하지 아니하느냐 41 우리는 우리가 행한 일에 상당한 보응을 받는 것이니 이에 당연하거니와 이 사람이 행한 것은 옳지 않은 것이 없느니라 하고 42 이르되 예수여 <u>당신의 나라에 임하실 때에</u> 나를 기억하소서 하니 43

예수께서 이르시되 내가 진실로 네게 이르노니 <u>오늘 네가 나와 함께 낙원에 있으리라</u> 하시니라(눅 23:32-43)(필자 밑줄)

예수님이 십자가에 못 박히실 때 행악자 중 한 사람은 예수님을 향해 "네가 그리스도가 아니냐 너와 우리를 구원하라"하고 조롱하였다,

그러나 다른 강도는 방자한 행악자를 꾸짖고, 자신은 참된 회개를 했다. 그는 하나님을 두려워하고(눅 23:40), 예수님은 의로우심을 선포하고서(눅 23:41),예수님에게 자신을 기억해 달라고 "예수여 <u>당신의 나라</u>에 임하실 때에 나를 기억하소서(Jesus, remember me when you come into <u>your kingdom.</u>)"라고 했다(23:42)(필자 밑줄). 당신의 나라는 하나님 나라이다. 이 강도는 예수님이 메시아임을, 구세주임을 알았다.

예수님은 행악 자에게 "내가 진실로 네게 이르노니 <u>오늘</u> 네가 나와 함께 <u>낙원</u>에 있으리라(I tell you the truth, today you will be with me <u>in paradise</u>)"고 하셨다(필자 밑줄). 예수님께서 십자가 우편 강도에게 하신 말씀은 영생의 약속이었다(23:43).

"낙원에 있으리라"

낙원([헬] 파라데이소스, παράδεισος)는 페르시아어를 음역한 것이다. "벽으로 둘러싸인 왕의 정원" 혹은 "공

원"을 의미한다. 동물원과 나무들과 작은 호수를 포함한 심히 아름다움 곳이다. 고대 페르시아에서는 왕의 은총을 받은 자들이 이 정원을 즐기는 특권을 받았다. 왕의 정원에서 사랑하는 사람들과 증오, 폭력, 걱정, 스트레스 없이 영원히 사는 것은 낙원이 아닐까!

예수님께서 자기와 함께 있자고 낙원으로 초청한 제일 첫 사람이 십자가의 범죄자인 강도였다. 그 강도가 예수님에 대한 겨자씨만한 믿음이 있었기에 낙원으로 초청을 받았다.

낙원은 하나님의 백성들의 미래의 축복이 있는 곳

(사 51:3) "나 여호와가 시온의 모든 황폐한 곳들을 위로 하여 그 사막을 <u>에덴 같게</u>, 그 광야를 <u>여호와의 동산 같게</u> 하였나니 그 가운데에 <u>기뻐함과 즐거워함과 감사함과 창화 하는 소리</u>가 있으리라"(필자 밑줄)

→ 낙원은 에덴동산 같고, 기쁨, 즐거움, 감사, 창화의 소리가 있는 곳이다.

(고후 12:2, 4) "내가 그리스도 안에 있는 한 사람을 아노니 그는 십사 년 전에 <u>셋째 하늘</u>에 이끌려 간 자라" "그가 <u>낙원으로</u> 이끌려 가서 말로 표현할 수 없는 말을 들었으니 사람이 가히 이르지 못할 말이로다"

→ 셋째 하늘(하나님 나라)과 낙원은 같은 곳으로 묘사하고 있다.

(계 2:7) "귀 있는 자는 성령이 교회들에게 하시는 말씀

을 들을지어다 이기는 그에게는 내가 하나님의 낙원에 있는 생명나무의 열매를 주어 먹게 하리라"

→ 낙원에는 생명나무 열매가 있다.

(눅 16:23-24) 나사로와 부자(아브라함의 품 ⇒ 낙원)

"그가 음부에서(in hell, in Hades) 고통 중에 눈을 들어 멀리 아브라함과 그의 품에 있는 나사로를 보고 불러 이르되 아버지 아브라함이여 나를 긍휼히 여기사 나사로를 보내어 그 손가락 끝에 물을 찍어 내 혀를 서늘하게 하소서 내가 이 불꽃 가운데서 괴로워하나이다"(강조위한 필자 밑줄들)

→ 아브라함의 품은 낙원이다.

(13) "낙원"은 의로운 자들의 죽은 영혼이 가는 중간 단계의 휴식처냐?

문제는 죽음의 순간과 예수님 재림의 참여 사이의 경험과 조건이다. "오늘"이란 말이 분명히 결정적인 문제이다. 오늘"은, 논의의 여지없이, 십자가에 못 박히는 날로 해석해야 한다.

강도는 먼 훗날, 알 수 없는 미래에 좋은 취급을 해달라고 요구했다. 그러나 예수님으로부터 "오늘, 나와 함께 하리라"는 개인적인 관계의 약속을 받았다.

이런 상태를 어떻게 생각해야 하나? 어떤 기독교인들은 "중간" 조건의 존재에 대한 질문을 던진다. 새 땅과 새 하늘의 영광에 그리스도와 함께 참여함을 생각한다.

"중간 상태"에 대한 결론을 갖게 된 이유는 연옥 (purgatory)에 대한 개념 때문이다.
로마 가톨릭 신학이 연옥 학설을 공식화한 것은 플로렌스 회의에서(1438-1445)와 트렌트 회의에서(1545-1563)이다

중간 상태는 도덕적 성장의 조건으로 본다. 죽은 자가 남은 죄로부터 청결함을 받고 천국에 갈 준비하는 곳으로 죽은 후에 중간 시기에 있을 동안 진짜 청결함을 받는 가능성으로 본다. 아직 지상에서 살고 있는 사람들의 도움(중보기도)으로도 연옥에서 낙원으로 가는 것이 가능하다고 한다.

성경에는 연옥의 개념을 변호할 수 있는 구절은 없다. 그러나 연옥에 대한 개념은 고린도전서 3:11-15의 말씀을 예증으로 들고 있다.

11 아무도 이미 닦아 놓은 터 곧 예수 그리스도 밖에 또 다른 터를 놓을 수 없습니다. 12 누가 이 터 위에 금이나 은이나 보석이나 나무나 풀이나 짚으로 집을 지으면, 13 각 사람의 업적이 드러날 것입니다. 그 날이 그것을 밝히 보여 줄 것입니다. 그 날은 불로 나타나기 때문입니다. 그래서 그 불이 각 사람의 업적이 어떤 것인가를 검증하여 줄 것입니다. 14 어떤 사람이 지은 작품이 그대로 남으면, 그는 삯을 받을 것이요, 15 어떤

사람의 작품이 타 버리면, 그는 손해를 볼 것입니다. 그 사람은 구원을 받을 것이지만, <u>마치 불 속을 거쳐서 살아나오듯 할 것입니다(escaping through the flames.)</u>(표준새번역)(필자 밑줄)

성경에서 불은 심판을 상징하고 무서운 시련을 상징한다. "마치 불 속을 거쳐서 살아나오듯 할 것입니다"라는 구절을 인용해서 연옥설을 주장하는 것은, "불 속을 거쳐서 살아나오듯" 연옥에서 심판으로 고난(고통)의 형벌을 받고서 즉 값을 치르고서 회개함으로서 낙원으로 온다는 것이다.

그리고 마태복음 12:31-32의 말씀을 예증으로 들고 있다. 31 그러므로 내가 너희에게 말한다. 사람들이 무슨 죄를 짓든지, 무슨 신성 모독적인 말을 하든지, 그들은 용서를 받을 것이다. 그러나 성령을 모독하는 것은 용서를 받지 못할 것이다. 32 또 누구든지 인자를 거역하여 말하는 사람은 용서를 받을 것이다. 그러나 성령을 거역하여 말하는 사람은, 이 세상에서도 <u>오는 세상에서도(in the world to come)</u>, 용서를 받지 못할 것이다.(표준새번역)(필자 밑줄)

"오는 세상"은 죽은 후에 세상(in the world to come)을 의미한다. 말하자면 죽은 후의 세상(연옥에서 사는 세상)에서도 용서받지 못할 것이란 말은 용서 받을 수 있는 경우도 있다는 뜻으로 해석한다.

그러나 연옥 개념은 하나님의 은총의 충족함과 자유 함에 모순된다. 하나님의 주권의 행사와도 위배된다. 예수님의 "오늘 네가 나와 함께 낙원에 있으리라"는 말씀과도 위배된다(필자 밑줄).

IV 연옥

(14) 이탈리아의 시인
알리기에리 단테의 『신곡』 "연옥편"

단테(Alighieri Dante, 1265-1321)
는 『신곡』(The Divine Comedy)에서 "연옥
(Purgatory)"에 대해 기술하고 있다. 이 논
문에서는 연옥의 개념과 7가지 치명적인 죄
에 대해 설명하고자 한다.

바울은 고린도전서 3:12-15에서 "만일
누구든지 금이나 은이나 보석이나 나무나 풀
이나 짚으로 이 터 위에 세우면 각 사람의 공
적이 나타날 터인데 그 날이 공적을 밝히리니
이는 불로 나타내고 그 불이 각 사람의 공적

이 어떠한 것을 시험할 것임이라 만일 누구든지 그 위에 세운 공적이 그대로 있으면 상을 받고 누구든지 그 공적이 불타면 해를 받으리니 그러나 자신은 구원을 받되 불 가운데서 받은 것 같으리라"고 했다.

주의 재림의 날에 나무나 풀이나 짚은 타고 없어지나, 금이나 은이나 보석은 그대로 남게 된다. 즉 그리스도의 재림 때에 불로 심판하실 일을 가리킨다. 가톨릭교회는 이 구절에서 연옥 설을 발전 시켜, 완전치 못한 신자들을 연옥의 불에서 연단을 받은 후에 완전한 구원에 이른다고 한다(신교는 이 설에 반대함).

단테는 『신곡』의 "연옥 편"에서 7개의 테라스(계단 모양의 광장)가 있는데, 7개의 테라스는 7가지 치명적인 죄(교만, 부러움, 분노, 나태, 탐욕, 탐식, 정욕), 혹은 7가지 죄의 근원과 관련되어 있다. 이 죄는 "지옥 편"에서 행동의 결과인데 대조하여, "연옥 편"에서는 심리적이요 동기에 바탕을 두고 있다.

"연옥"은 평화와 애정의 왕국이요, 우정과 친절의 왕국이요, 동정심과 기대의 왕국이다. 단테의 "연옥"의 기본 분위기는 희망이다. 영혼들은 애정을 가지고 아직도 그들의 지상의 삶을 기억하고 있지만, 지상의 삶을 초월하여 그들이 희망하는 천국에 대한 새로운 삶을 마음속에 그리고 있다.

가톨릭교회는 "연옥"이란 이름을 하나님의 은총 가운데 죽었으나, 아직도 죄를 완전히 씻지 못한 자들이 최종적인 정결을 하는 곳이다. 가톨릭 신앙에 의하면, 인간이 죽으면 즉시 심판을 받아, 하나님을 믿는 자는 하나님과 영원히 연합하여 끝없는 축복의 낙원인 천국에 가게 된다. 그와는 반대로 하나님을 믿지 않고 범죄한 인간은 하나님과 분리되어 영원히 돌이킬 수 없는 상태의 지옥에 가게 되어, 거기서 불 가운데서 끝없는 고통을 당하게 된다. 그렇지만 죄의 영향에서 완전히 벗어나지 못했으나, 지옥 갈 상태는 아닌 영혼은 먼저 "연옥"에서 완전히 정화를 한 다음에 천국에 들어간다는 것이다. 단테는 가톨릭 신앙의 "연옥"을 인정하고 있다.

하나님으로부터 흘러나오는 사랑은 순수하지만, 그 사랑이 인간을 통해서 나타날 때 죄가 될 수 있다. 인간은 사랑을 부적당하고 악한 목적(교만, 질투, 분노)으로 사용함으로서 죄가 되고, 사랑을 충분히 강하지 못하게 나태(게으름)하여 사용함으로서 그리고 너무 강하게 사용함으로서 죄(탐욕, 탐식, 정욕)가 되게 한다. 단테는 출교당한 자와 늦게 회개하고 죽은 자들이 있는 "연옥 이전의 곳"과 연옥 제일 위의 에덴동산을 합쳐 10개의 테라스를 그리고 있다. 단테는 "연옥"을 출애굽에서 약속의 땅으로, 그리스도인의 죄의 비참함과 슬픔에서 은총의 구원으로의 길과 비교하고 있다. 그래서 단테와 버질이 "연옥"에 도착하는 것은 예수님 부활의 날인 주일이었다.

단테는 각 테라스(구렁 길)의 문을 열어달라고 천사의 발밑에 무릎을 꿇어 엎드리고, 자비로서 테라스를 통하는 문을 열어주기를 청하였다. 천사는 단테의 이마에다 칼끝으로

7개나 되는 "P"자를 썼다. "P"자는 이탈리아어로 죄라는 뜻의 "peccatum"으로, 7가지 치명적 죄를 상징한다. 칼(말씀의 검)로 상처(죄를 상징)를 냄으로써 참회(회개)하게 됨을 뜻한다(9옥). 단테가 치명적인 7가지 죄와 관련된 각각의 테라스를 통과할 때마다 천사는 단테의 이마의 "P"자를 하나씩 지워주었다. "연옥"의 영혼들은 단테를 보고 놀란다. 단테의 그림자가 있기에 아직도 죽지 않는 사람임을 알았기 때문이다.[18]

연옥은 거대한 산으로 7개의 오르는 테라스(구렁 길)를 갖고 있으며, 각 테라스는 7가지 치명적인 죄 중의 하나에 할당된다. 연옥의 산 정상에는 지상의 낙원이 위치하고 있다. 연옥에서 영들이 받는 고통은 영들이 자신들의 죄를 속죄하기 위해 자발적으로 받아들인 것이다. 각 죄에 대한 고행은 그 죄에 반대되는 현상에서 오는 고통이다. 영들은 각 테라스에서 각 죄에 대한 형벌로 그 죄에 반대되는 미덕의 모범을 보이게 된다.

버질의 인도로 단테가 첫째 테라스(구렁 길)에 왔을 때 교만의 죄를 지은 영들은 등에 거대한 바위를 지고 땅바닥까지 허리를 굽히고 두렁길을 걸으며 주기도문을 외우고 있었다. 그들은 조상에 대한 교만과 권력에 대한 교만 등 과도한 교만 때문에 무거운 바위(교만)의 짐을 지고 있었다. 그들은 회개하고 겸손함으로써 바위를 제거하고 천국을 바라게 된다. 그 다음 테라스로 갈 때 천사는 단테의 이마에서 "P"자

하나를 지워주자 몸이 홀가분해졌다.

둘째 테라스는 부러움(질투)이 속죄되는 곳이었다. 영들은 더 이상 질투의 눈으로 보지 못하게 그들의 눈꺼풀은 철사로 꿰매어져 있었다. 눈꺼풀 사이로 눈물을 흘리며 질투의 죄를 씻고 있었다. 자애의 천사가 단테의 이마에서 "P"자를 또 하나 지워 주었다.

셋째 테라스는 분노에 지배당한 자들이 연기로 눈멀게 하고 화나게 하는 구름 속을 걸어가고 있었다. 그들은 하나님께 기도하면서 노여움의 죄를 씻고 있었다. 단테의 질문에 분노의 부류에 속하는 바르코 롬바르디(13세기의 궁정인)란 영은 인간의 죄가 필연성의 결과라는 설의 오류를 지적하고, 성격상 자유의지로 된 것이라고 설명한다. 평화의 천사가 날개로 구름을 치우고 길을 비추어 주었다.

넷째 테라스는 결함 있는 사랑과 불충분한 열정으로 사랑의 임무를 게을리 한 나태(게으름)의 죄가 타오르는 영들의 무리가 있는 곳이었다. 그들은 쉬지 않고 달림으로써 게으름의 죄를 씻어내고 있었다.

다섯째 테라스는 탐욕이나 방탕의 죄가 속죄되는 곳이었다. 그들은 먼지에 얼굴을 먼지 속에 처박고, 울면서, 시편을 외우며, 기도함으로써 죄를 씻고 있었으며, 그들의 회개는 품위 있는 가난과 관대함을 체험하는 것이었다.

여섯째 테라스는 탐식(낭비)의 죄를 지은 영들이 말라비틀어져 눈은 움푹하고 피골이 상접한 모습으로, 생전에 지나치게 잘 먹었기에 연옥에서 굶주림과 목마름으로 포식했던 죄를 씻고 있었다.

일곱째 테라스는 호색의 죄를 범한 영들이 맹렬한 불의 강 속에서 불로 정욕의 죄를 태우며 "우리를 불쌍히 여기시는 지극히 높으신 주여" 하고 찬송을 부르며 죄를 씻고 있었다. 단테가 일곱째 테라스를 떠날 때 천사는 마지막 "P"자를 지워 주었다.

시편 51:9에서 "주의 얼굴을 내 죄에서 돌이키시고 내 모든 죄악을 지워 주소서"라고 하고, 마태복음 1:21에서 "아들을 낳으리니 이름을 예수라 하라 이는 그가 자기 백성을 그들의 죄에서 구원할 자이심이라"고 했다.

(15) 예정론과 자유의지론:

단테는 『신곡』의 "연옥 편" 16곡에서 예정론(결정론)과 자유의지론에 관한 중세 가톨릭 신학 사상을 말하고 있다. 단테는 성 어거스틴(성 아우구스티누스, 기독교 초기의 교부, 354-430)과 토마스 아퀴나스(이탈리아의 가톨릭 신학자, 1225-1274)의 신학 사상에 대한 통찰력을 가지고서, 어거스틴이 기술한 바울의 예정론과 은총의 사상을 따르면서도, 일종의 자유의지론과 일치시키고 있다.

인간은 아담의 전락으로 죄와 죽음을 물려받게 되었으나, 그리스도의 구속을 통해서 구원의 희망을 물려받게 되었다. 하나님은 사랑으로 인간을 선악을 인식하는 힘과 선택하는 기회와 함께 창조하셨다는 것이다. 인간의 선택의 토대에 따라 영원한 구원이냐 파멸이냐가 결정된다고 했다. 하나님의 율법을 지키지 않는 자는 지옥에서 영원한 고통의 심판을 받게 될 것이다. 죄를 지었으나 죄를 자백하고 회개하는 자에게는 연옥에서 정화의 기간을 보낸 후에 천국의 보상이 주어질 것이다. 회개와 율법 준수가 죽은 후의 심판의 핵심이다.

단테는 버질의 인도로 연옥의 셋째 구렁 길에서 사람들이 하나님께 기도하며 노여움의 죄를 씻고 있는 것을 보았다. 그 중의 한 사람인 마르코 롬바르도(13세기의 궁정인)에게 단테는 "덕이 일제히 종적을 감추고/ 악의가 세상에서 판을 치고 있다. / 천명이라고 생각하는 이도, 인간의 뜻이라 말하는 이도 있는데/ 부탁이니 그 원인을 가르쳐주오." 라고 했다.[19]

단테는 인간의 부패의 원인이 운명적이냐 즉 하나님의 예정 때문이냐, 아니면 인간의 자유의지에 의한 선택으로 된 것이냐 물었다.

마르코 롬바르도는 다음과 같이 설명했다. "너희들 살아 있는 자들은 걸핏하면 그 원인을/ 오직 별들의 탓으로 돌린다. 마치 천체가 모든 일을/ 필연성에 의해 움직이고 있기나 한 것 같은 말투로,/ 가령 그렇다면 너희 인간들 속엔/ 자유의지가 없어진 것이 되어 선행이 복을 받고/ 악행이 벌을 받는 것이 정의에 위배되는 일이 된다."[20]

"별들의 탓으로 돌린다"는 것은 하늘의 탓으로 돌린다는 뜻으로, 예정론(결정론)의 탓으로 돌린다는 뜻이다. 일어나는 모든 것이 고정된 결정론의 결과로 돌린다면, 분노한 음성으로 죄를 지었다든지 의로운 일을 했다든지 하는 것은 단순히 아무런 의미가 없다는 것이다. 어떤 사람이 그렇게 행동하지 않을 수 없었다고 해도, 그 사람에게 화를 내어도 아무런 소용이 없다는 것이다. 왜냐하면 화내는 자체가 단순히 기계적인 몸짓에 불과하며, 화를 유발시키게 하는 행동 자체가 결정되어 있기 때문이다.

단테의 "별들의 탓"이란 단순히 점성학이나 중세 미신으로 취급해서는 안 된다. 단테가 별들을 행동의 인과 관계의 원천이란 뜻으로 말 할 때, 단테는 인간의 행동을 포함해서 우주에서 발생하는 모든 사건은 우주의 물리적인 상호 작용의 불가피한 연쇄된 결과로 보는 것이다. 한 인간이 현재의 상태나, 그렇게 행동하는 것은, 그렇고 그러한 시간에, 그렇고 그러한 조건에, 그 사람에게 던져진 자연의 과정 때문이란 것이다. 모든 것을 하늘의 뜻으로 돌리는 것은 간단히 말해서 모든 것을 "환경"의 지배로 돌리는 것이다[문학에서 개인이 환경(유전과 심리적인 현상을 포함하여)에 지배 조종에 희생당하는 것을 자연주의(Naturalism)이라고 한다.] 단테는 기계적인 결정론(mechanical determinism)을 거부한 것이다.

자유의지를 부정하고, 모든 것이 예정론(결정론)의 탓이라고 한다면, 선행이 상을 받고, 악행이 벌을 받는 것 자체가 정의(justice)에 위배된다는 것이다. 운명이 확실히 인간의 성격에 어느 정도 영향을 끼치는 것은 사실이지만, 인간의 모든 행동이 운명으로 돌리는 것은 큰 잘못이다. 만일 그렇다면, 인간은 그의 행동에 대해 책임을 질수가 없다는 것이다. 선행에 보상을 주고, 악행에 형벌을 주는 체계가 무의미 하다는 것이다. 인간은 선악의 지혜를 부여받고 있으며, 자유의지를 행사함으로 인간은 선악을 선택할 수 있으며, 자유의지의 행사를 통해 자신의 삶의 길을 조종할 수 있다는 것이다. 그러기에 인간은 자기 행동에 대한 책임을 갖고 있다는 것이다.

마르코는 다음과 같이 말한다. "너희들의 행동은 별들로 (하늘의 뜻으로)부터 진행되지만/ 모든 일이 별들로 움직이는 것은 아니다. 가령 그렇다 하더라도, 어떻게 되지?/ 요긴한 때에 선악을 알게 하는 빛이(자유의지가) 너희들에게는 주어져 있다./ 그리고 이 자유의지는 첫 싸움에서는 별들의 영향으로 고투하지만/ 만약 의지의 힘이 충분히 육성되면 모든 것에 이길 수 있을 것이다./ 너희들은 자발적으로 보다 강한 힘, 보다 숭고한 성질에/ 자유로이 복종할 수가 있다. 그 성질이 너희들 속에다가/ 이제는 별들이 좌우할 수도 없는 마음의 지력을 만들어낸다."[21]

모든 인간은, 유전이나 환경에 따라, 어떤 경향을 타고난다. 그러나 비록 그 인간의 성품이 전적으로 외부적인 원인에 의해 결정된다고 하더라도, 그는 자유 의지를 갖게 되고, 자기가 한 행동에 대한 옳고 그릇됨에 대한 심판을 받게 된다. 인간은 자유 의지를 행사함으로서 강력하게 되어, 그 사람으로 하여금 "조건(환경)"을 극복하고 이기게 할 것이다.

마르코 롬바르도는 인간의 행동에 대한 책임을 알게 하기 위해 율법과 규율을 제정하여 책임 지침을 만들었다고 한다. 인류를 위해 율법의 2가지 체계가 있는데, 영적 삶을 위해 교황이 있고, 정치적인 일을 위해 황제가 있다고 한다. 현 세대의 부패는 이런 제도가 무너졌기 때문이라고 한다. 황제들이 이탈리아를 통치하는데 실패했기 때문에, 교황들이 종교적인 권력에 더하여 세상 권세를 행사하려고 했다고 한다.

마르코는 "교황이 탐욕스레 지상의 부를 허겁지겁 먹고 있기 때문에/ 그를 보고 있는 백성들도 그걸 먹느라/ 여념이 없어 그 이상은 원하지도 않는다./ 어떤가, 잘 알겠지. 본보기가 될 자(교황)의 나쁜 행위가/ 세상이 음험하고 사악해진 원인이다."[22]

지금은 교황이 득세하여 부패한 것은 하나님께서 예정하신 것이 아니라, 인간이 악을 선택했기 때문이란 것이다. 마르코는 "식물의 좋고 나쁨도 열매를 보면 알 수 있다."고 했다.[23]

베드로전서 1:15에서 "오직 너희를 부르신 거룩한 자처럼 너희도 모든 행실에 거룩한 자가 되라"고 했다.

[상식]: 천국편은 구원받은 자를 위한 것이고, 지옥편은 죄지은 자들을 위한 것이고, 연옥편은 회개하는 자를 위한 것이다.

V. 지옥(hell)

(16) 부자와 거지 나사로의 사건에서 본 천국과 지옥 (눅 16:19-26)[24]

어떤 호화롭게 사는 부자와, 그 집 대문 앞에서 구걸하는 나사로라 하는 헌데 투성이의 거지에 관한 이야기가 있다. 거지는 죽어서 천사들에게 이끌려 아브라함의 품(천국)에 안겼다. 그러나 부자는 죽어서 지옥에 끌려 갔다. 그 부자에 관한 누가복음 16:19-26의 기록은 우리에게 경각심을 갖게 한다.

19 한 부자가 있어 자색 옷과 고운 베옷을 입고 날마다 호화롭게 즐기더라 20 그런데 나사로라 이름하는 한 거지가 헌데 투성이로 그의 대문 앞에 버려진 채 21 그 부자의 상에서 떨어지는 것으로 배불리려 하매 심지어 개들이 와서 그 헌데를 핥더라 22 이에 그 거지가 죽어 천사들에게 받들려 아브라함의 품에 들어

가고 부자도 죽어 장사되매 23 그가 <u>음부(Hades)</u>에서 <u>고통</u> <u>중에</u> 눈을 들어 멀리 아브라함과 그의 품에 있는 나사로를 보고 24 불러 이르되 아버지 아브라함이여 나를 긍휼히 여기사 나사로를 보내어 그 손가락 끝에 <u>물을</u> 찍어 내 혀를 서늘하게 하소서 내가 이 <u>불꽃 가운데서</u> 괴로워하나이다 25 아브라함이 이르되 얘 너는 살았을 때에 좋은 것을 받았고 나사로는 고난을 받았으니 이것을 기억하라 이제 그는 여기서 위로를 받고 너는 괴로움을 받느니라 26 그뿐 아니라 너희와 우리 사이에 큰 구렁텅이가 놓여 있어 여기서 너희에게 건너가고자 하되 갈 수 없고 거기서 우리에게 건너올 수도 없게 하였느니라 27 이르되 그러면 아버지여 구하노니 나사로를 내 아버지의 집에 보내소서 28 내 형제 다섯이 있으니 그들에게 증언하게 하여 그들로 이 고통 받는 곳에 오지 않게 하소서(눅 16:19-26)(필자 밑줄)

아브라함의 품은 낙원(셋째 하늘, 하늘나라, 천국)으로 알려져 있다(이 논문의 제1장의 II. 셋째 하늘(하나님 나라) 가운데 "아브라함의 품은 낙원(천국)임을 말하고 있다" 참조)

① 이름 없는 한 부자와 이름을 가진 거지 나사로의 이야기 (19-21)

이름이 있는 것과 이름이 없는 것은 너무나 중요하다. 이름이 있는 자는 하나님께서 알아주시고 영화롭게도 해주셨다. 이름이 없는 자는 하나님께서 알아주시지도 않고 영화도 주시지 않으신다.

부자는 하나님을 알지 못했다. 그래서 하나님에게 알려지지도 않고 영화도 받을 수 없었다. 부자는 하나님에게 알려지지 않는 자이다.

→ **지옥**은 하나님께서 알아주시지 않는 자가 가는 곳으로 고통을 당하는 곳이다.

나사로는 하나님을 알았다. 그래서 그의 이름은 하나님에게 알려지고, 영화도 받을 수 있었다. "나사로"란 이름은 "하나님은 나의 돕는 분"이란 뜻이다.

→ **천국**은 하나님께서 그 이름을 알아주시고 영화를 누리게 되는 곳이다. 요한복음 10:14에서 예수님은 "나는 선한 목자라 나는 내 양을 알고 양도 나를 아는 것이"라고 하셨고, 고린도전서 8:3에서 바울은 "또 누구든지 하나님을 사랑하면 그 사람은 하나님도 알아 주시느니라"고 했다. (참고: 천국은 셋째 하늘, 하늘나라, 낙원과 같은 의미로 사용됨.)

② 부자는 죽어서 지옥으로 끌려가고, 나사로는 죽어서 낙원으로 들려갔다.

부자가 죽어서 땅에 묻히게 되자, 음부에서 고통 중에 있게 되었다. 음부(하데스)(그리스 신화에서 황천이란 뜻)는 지옥을 말한다. 부자는 땅에서 낙원처럼 살았으나, 영원한 낙원에 갈 자격이 없었다. 사람들은 배고프고 굶주리고, 병들고 무기력하고, 늙고 헐벗고, 도움 받지 못하고 죽어 가는데, 부자는 많은 것을 가지고도 돕지 않았다. 부자는 공의와 사랑의 낙원에 살 자격이 없었다.

→ **지옥**은 부르짖어도 들어주는 사람이 없는 곳이다. "귀를 막고 가난한 자가 부르짖는 소리를 듣지 아니하면 자기가 부르짖을 때에도 들을 자가 없으리라"(잠 21:13)

나사로가 죽자, 즉시 천사들에게 옹호되어 아브라함의 품에 안겼다. 아브라함의 품은 낙원을 의미하고, 하나님 자신의 낙원이다. 낙원은 영광의 장소이다.

→ **천국**은 영원히 영광을 함께 누리는 곳이다. 예수님은 "그들은 영벌에, 의인들은 영생에 들어가리라 하시니라"(마 25:46)고 하셨다.

③ 부자는 영광을 보기만 했으나, 나사로는 영광을 함께 누리고 경험했다.

부자는 낙원을 볼 수 있었으나, 너무나 멀리 떨어져 있어서 갈 수 없었다. 부자는 낙원을 볼 수 있어서, 아브라함과 나사로가 있는 것을 볼 수 있었다. 부자는 낙원의 모든 영광과 편안함, 모든 완전함과 기쁨을 보았다. 부자는 자기가 무시하고 천하게 대접했던 그 사람 나사로를 보았다. 그는 나사로가 하늘나라의 모든 완전함과 영광가운데 있는 것을 보았다. 그는 그가 본 것을 부러워하고 후회했다.

→ **지옥**은 부러워하고 후회하는 곳이다. "너희가 아브라함과 이삭과 야곱과 모든 선지자는 하나님 나라에 있고 오직 너희는 밖에 쫓겨난 것을 볼 때에 거기서 슬피 울며 이를 갈리라"(눅 13:28)

나사로는 지옥을 전연 모르는 것 같다. 그는 낙원에서 하나님의 영광과 완전하심 안에서만 살았다.

→ **천국**은 하나님의 영광과 완전함 안에서 살고 있는 곳이다. "이 썩을 것이 반드시 썩지 아니할 것을 입겠고 이 죽을 것이 죽지 아니함을 입으리로다"(고전 15:53)

④ 부자는 소외되어 고통스럽게 혼자 있었으나, 나사로는 아브라함과 성도들과 함께 있었다.

부자 주변에는 동료도 아무도 없이, 혼자 서서 말하고 있었다. 부자는 낙원에 있는 사람들을 볼뿐이다. 사람들이 지옥에서 친구들과 술 마시고 섹스하고 즐기는 것이 좋겠다는 생각은 망상이다.

→ **지옥**은 항상 혼자서, 다른 사람들과 교제함이 없이, 아무도 없는 곳에서 황폐하고 외로운 곳이다.

나사로는 영광 가운데 아브라함과 성도들과 함께 있었다.

→ **천국**은 믿음의 동지들과 영광과 기쁨을 누리는 곳이

다. "너희가 아브라함과 이삭과 야곱과 모든 선지자는 하나님 나라에 있고 오직 너희는 밖에 쫓겨난 것을 볼 때에 거기서 슬피 울며 이를 갈리라"(눅 13:28)

⑤ 부자에게는 물 한 방울도 없었으나, 나사로는 생명수를 마시고 있었다.

부자는 화염의 열기에 혀가 타는 갈증으로 견딜 수가 없었기에 나사로의 손가락 끝에 물을 찍어 자기 혀를 서늘하게 해달라고 했다.

→ **지옥**은 물이 없는 곳이다.

나사로는 물(생명수)이 흐르고, 자기 몸을 신선하게 할 모든 것이 있는 곳에 있었다.

→ **천국**은 물(생명수)이 흐르고, 시냇가에 심은 나무가 철따라 열매를 맺으며 그 잎사귀가 시들지 아니하는 곳이다 (시 1:3). "또 그가 수정 같이 맑은 생명수의 강을 내게 보이니 하나님과 및 어린 양의 보좌로부터 나와서"(계22:1)

⑥ 부자는 땅에서의 삶을 인식하고 있으나, 나사로는 말이 없었다.

부자는 자기의 죄, 나사로와 가난한 자들을 도울 기회를 상실한 것, 하나님의 말씀, 양심의 소리, 나사로의 말(도와 달라는)말, 경고의 말을 거부한 것을 기억하고 있다.

부자는 아브라함을 인식하고, 천국과 지옥을 인식하고, 형제 5명의 타락한 삶도 인식(기억)하고 있다. 부자는 나사로를 자기 아버지 집에 보내어 5형제들에게 증언해달라고 했다.

→ **지옥**은 땅에서 된 일을 모두 인식하고 후회의 나날을 보내는 곳이다.

나사로는 땅에서 된 일들을 생각지도 않고 있으며, 땅에 일에 대한 책임을 질 일도 없다.

→ **천국**은 땅에서의 일들을 기억하고 후회하는 일이 없는 곳이다.

⑦ 부자는 불꽃 가운데 있었으나, 나사로는 낙원의 영광 속에 있었다.

부자는 꺼지지 않는 뜨거운 불꽃(하나님의 진노의 불 꽃) 속에서 고통과 비참함으로 자비를 구했다.

→ **지옥**은 불꽃의 격렬함과 비참함으로 물 한 방울을 갈망하는 곳이다. "풀무 불에 던져 넣으리니 거기서 울며 이를 갈게 되리라"(마 13:42)

나사로는 아브라함의 품인 낙원의 위안과 기쁨 속에 있었다. 나사로는 땅에서 고난을 받았으니, 이제 그는 낙원에서 위로를 받는다.

→ **천국**은 낙원의 위안과 기쁨이 있는 곳이다.

유황 불 못

불 못(the Lake of Fire)은 성경에서 4번 언급되었다(계 19:20; 20:10, 14−15; 마 25:41).

(계 19:20) "짐승이 잡히고 그 앞에서 표적을 행하던 거짓 선지자도 함께 잡혔으니 이는 짐승의 표를 받고 그의 우상에게 경배하던 자들을 표적으로 미혹하던 자라 이 둘이 산 채로 <u>유황불 붙는 못</u>에 던져지고"(필자 밑줄)

(계 20:10) "또 그들을 미혹하는 마귀가 <u>불과 유황 못</u>에 던져지니 거기는 그 짐승과 거짓 선지자도 있어 세세토록 밤낮 괴로움을 받으리라"(필자 밑줄). 불 못은 영원한 불과 유황이 있는 곳이다.

(계 20:14−15) "14 <u>사망</u>과 <u>음부</u>도 불 못에 던져지니 이것은 둘째 사망 곧 불 못이라 15 누구든지 생명책에 기록되지 못한 자는 불 못에 던져지더라"(필자 밑줄)

(마 25:41) "또 왼편에 있는 자들에게 이르시되 저주를 받은 자들아 나를 떠나 <u>마귀와 그 사자들</u>을 위하여 예비된 <u>영원한 불</u>에 들어가라"(필자 밑줄)

→ 영원한 유황 불 못에는 사망, 음부, 마귀와 그 사자들, 거짓 선지자들, 누구든지 생명책에 기록되지 못한 자들이 던져질 곳이다.

(17) 도스토엡스키의 『카라마조프가의 형제들』중 "양파 한 뿌리"이야기

러시아 소설가 도스토예프스키(Dostoyevsky, 1821-1881)의 『카라마조프가의 형제들』(The Brothers Karamazov)중의 3부 7편 3장에 "양파 한 뿌리"에 관한 이야기가 독자들에게 각성제가 되게 한다.

그루셴카 아줌마는 사랑하려고 한 신학생 알료사에게 한 이야기이다. 그루셴카 아줌마는 "내가 비록 못된 여자라고 하더라도, 나는 양파 한 뿌리를 준 적이 있단 말이야."라고 했다. 무슨 뜻이지를 몰라 의아하게 바라보는 라키친에게 다음과 같은 story를 해 주었다.

옛날 옛적에 참 못되고도 정말 못된 아줌마 한 사람이 살았는데, 그만 죽었답니다. 죽고 나서 보니 아줌마는 그동안 착한 일을 단 한 가지도 하지 않았던 거예요. 악마들이 아줌마를 붙잡아서 불바다 속에 던져 넣었습니다.

그러자 아줌마의 수호천사가 가만히 서서 생각하기를 하나님께 말씀 드릴만 한 무슨 착한 일이 저 아줌마한테 없을까 하고 생각하다가, 마침 기억나는 것이 하나 있어서 하나님께 가서 "저 아줌마는 텃밭에서 양파를 뽑아 거지 여인에게 준적이 있답니다."하고 말씀을 드렸지요.

그러자 하나님께서 이렇게 대답하셨답니다. "너는 바로 하나님 나라의 그 양파 한 뿌리를 들고 가서 불바다 속의 그 아줌마에게 내밀되 그녀가 알아서 붙잡고 기어 나오도록 해

라. 만약 그녀가 저기 불바다에서 나올 수 있다면 낙원으로
가도 좋지만, 만약 양파가 끊어진다면 그녀는 지금 있는 그
곳에 영원히 남게 되리라."

천사는 아줌마한테로 달려가서 양파를 내밀었습니다.
"자, 아줌마, 어서 붙잡고 올라오세요." 아줌마는 급히 양파
를 잡았어요. 그래서 천사는 아줌마를 조심스럽게 잡아당겨
서 마침내 거의 다 천국으로 끌어올렸는데, 그러자 호수에
있던 나머지 죄인들이 아줌마가 낙원으로 끌려올라가는 것
을 보고서는 다들 그녀와 함께 나가려고 그녀의 다리를 붙잡
기 시작했어요. 그런데 아줌마는 참 못되고도 못됐기 때문
에 혼자 나가려고 그들을 발로 걷어차기 시작했습니다. "나
를 끌어올려 주는 거야. 너희들이 아니란 말이야. 이건 내
양파지, 너희들 게 아니야."

그 아줌마가 발로 힘껏 다른 죄인들을 내리차면서 이 말
을 하기가 무섭게 양파가 툭 끊어져 버렸답니다. 그리고 아
줌마는 불바다 속으로 떨어져 오늘날까지 타고 있답니다.
천사는 울면서 떠나갔답니다.

그루셴카 아줌마는 알료샤에게 "내가 바로 이 아주 못된
아줌마이기 때문에 양파 이야기를 달달 외웠지. 그러니 나
를 착한 여자라고 생각하지도 말아 줘."라고 했다.

양파 한 뿌리의 친절로 구원의 길이 열리기도 했으나, 인
간의 이기주의적인 마음가짐 때문에 결국 그 구원의 기회마
저 놓쳐버리는 안타까움이 있기도 하다. DNA가 지옥 가도
록 생긴 자는 기회가 주어져도 천국에 가지 못한다. 바로 부

자가 그런 스타일(유형)의 작자가 아닌가 생각한다.

(18) 알곡(wheat)과 가라지(잡초 weeds) 비유(마 13:24-30, 36-43)

예수님은 알곡과 가라지의 비유에서 천국과 지옥에 대해 말씀하셨다. 천국은 좋은 씨를 제 밭에 뿌린 사람과 같으니 사람들이 잘 때에 그 <u>원수가 와서</u> 곡식 가운데 <u>가라지를 덧뿌리고 갔다</u>고 했다(마 13:24-25).

인간의 종말(운명)이 오는 것은 결정적이다. 추수 때에 주인이 추수꾼들에게 말하기를 가라지는 먼저 거두어 <u>불사르게 단으로 묶고(지옥)</u> 곡식은 모아 내 <u>곳간에(천국)</u>넣으라 했다(마 13:30)(강조 위한 필자 밑줄).

"인자가 천사들을 보내어 <u>가라지</u>는 거두어 풀무 불(the fiery furnace)에 던져 넣으리니 거기서 울며 이를 갈게 되리라(지옥)." 그러나 "의인들은 자기 아버지 나라에서 <u>해와 같이 빛나리라(천국)</u>"(마 13:42-43)했다. 그리고 "지혜 있는 자는 궁창의 빛과 같이 빛날 것이요 많은 사람을 옳은 데로 돌아오게 한 자는 <u>별과 같이 영원토록 빛나리라</u>"(단 12:3)고 했다(필자 밑줄).

인간의 종말(운명)이 오는 것은 결정적이다(마 13:30). "내가 추수꾼들에게 말하기를 가라지는 먼저 거두어 <u>불사르게(지옥)</u> 단으로 묶고 곡식은 모아 내 <u>곳간에(천국)</u> 넣으라 하리라"

세례요한의 말(마 3:11-12): "예수는 성령과 불로 너희에게 세례를 베푸실 것이요. 손에 키를 들고 자기의 타작마당을 정하게 하사 알곡은 모아 곳간(천국)에 들이고 쭉정이는 꺼지지 않는 불(지옥)에 태우시리라

→ **지옥**은 풀무 불이 타오르는 곳이다.

→ **지옥**은 꺼지지 않는 불이 타는 곳이다.

→ **지옥**은 울며 이를 가는 곳이다.

→ **천국**은 해와 같이 빛나는 곳이요, 별과 같이 영원토록 빛나는 곳이다.

풀무 불(지옥 불) 게헨나(Gehenna, geenna)의 설명

풀무 불은 게헨나(Gehenna)라고 하고, 게헨나는 고대 헬라어 "עיהנם"에서 온 말이다. 신약에서 영어 "Gehenna"는 헬라어 "Geenna(Γἐεννα)를 말한다.

히브리어로 "힌놈의 골짜기"(Ge Hinnom, Valley of Hinnom)" 혹은 "힌놈의 아들(들) 골짜기"(Valley of the son of Hinnom, Valley of the children of Hinnom)(수 15:8; 18:16; 왕하 23:10, 수 15:8; 18:16)라고 하고 "지옥(hell)"이라 번역되었다. 성경 용어로는 하데스(Hades), 지옥(Hell), 연옥(Purgatory)으로도 번역되었다.

힌놈(Hinnom, Gehenna)은 예루살렘 시온산 남쪽에

위치한 작은 계곡이다. 힌놈은 유다의 왕들이 자기들의 아들과 딸들을 불태워 제물로 바치는 곳이기에, 저주받은 곳으로 알려졌다(렘7:31, 19:2-6). 랍비 문학에서 힌놈(Gehenna)은 사악한 자들이 가는 곳이다. 이것은 죽은 자들의 거처를 말하는 스올이나 하데스와는 다르다. KJV는 힌놈을 지옥(Hell)이라 번역하고 있다.

유다의 아하스 왕은 바알과 몰렉 신상들을 부어 만들기까지 하고, 힌놈의 아들 골짜기에서 분향을 하고, 자기 아들을 불에 태워 제물로 바치기도 했다(대하 28:1-3).

아하스 왕의 손자 므낫세는 12세에 왕이 되어, 예루살렘에서 55년간 다스렸다(대하 33:1-6). 므낫세는 아버지 히스기야가 헐어 버린 산당들을 다시 세우고, 바알들을 섬기는 제단을 쌓고, 아세라 목상들을 만들고, 하늘의 별을 숭배하여 섬겼다.

그는 주의 성전 안에도 이방 신을 섬기는 제단을 만들었다. 성전 안팎 두 뜰에도 하늘의 별을 섬기는 제단들을 만들어 세웠다. 아들들을 "힌놈의 아들 골짜기"에서 번제물로 살라 바쳤으며, 점쟁이를 불러 점을 치게 하고, 마술사를 시켜 마법을 부리게 하고, 악령과 귀신들을 불러내어 묻곤 하였다(대하 33:6).

(19) "양(sheep)"과 "염소(goats)"의 비유
(마 25:31-46)

예수님(인자)은 모든 천사와 함께 자기 영광의 보좌에 앉으셔서, 모든 민족을 목자가 양과 염소를 구분하는 것 같이 하여 양은 그 오른편에 염소는 왼편에 둘 것이다.

그 때에 임금이 그 오른편에 있는 자들에게 "내 아버지께 복 받을 자들이여 나아와 창세로부터 너희를 위하여 예비된 나라를 상속받으라(영생)"고 하셨다. 그러나 왼편에 있는 자들에게 "저주를 받은 자들아 나를 떠나 마귀와 그 사자들을 위하여 예비된 영원한 불에 들어가라(영벌)"고 하셨다.

"그들(지극히 작은 자 하나에게 하지 아니한 자)은 영벌에, 의인들은 영생에 들어가리라 하시니라"(마25:46)(필자 밑줄)

→ **지옥**은 하나님으로부터 분리된 곳이다. "나를 떠나"(depart from me)라 한 것은 하나님으로부터 떠난 자들, 분리된 자들을 의미한다.

→ **지옥**은 원래 마귀와 그 사자들을 위하여 예비된 곳이다. 지옥은 인간을 위해서 예비 된 것은 아닌 것 같다. 지옥은 인간의 창조 이전에 되어진 곳이다.

→ **지옥**은 저주를 받은 자들이 가는 곳이다.

→ **지옥**은 영원하다. 영원한 불이 타는 곳이요, 영벌을 받는 곳이다.

→ **천국**은 왕(인자, 신성한 재판관)의 초청 받은 자들이 가는 곳이다. "임금이…나아와(Come)"(마 25:34)라고 했다. "오호라 너희 모든 목마른 자들아 물로 <u>나아오라</u> 돈 없는 자도 <u>오라</u> 너희는 와서 사 먹되 돈 없이, 값없이 와서 포도주와 젖을 사라"(사 55:1)

→ **천국**은 하나님 아버지께로부터 복 받은(구원 받은) 자들이 가는 곳이다(마 25:34).

→ **천국**은 창세로부터 예비된 나라를 상속으로 받은 자들이 가는 곳이다. 천국은 받을 자격이 없으나, 전적으로 선물, 은총, 자비, 사랑으로 상속된 곳이다.

→ **천국**은 영생으로 특정 지워진 존재 질서이다(마 25:46). 예수님은 "의인들은 영생에 들어가리라"하시고 "아들을 믿는 자에게는 영생이 있고"(요 3:36)라고 하셨다.

→ **천국**은 풍성히 주시는 삶이다. "내가 온 것은 양으로 생명을 얻게 하고 더 풍성히 얻게 하려는 것이라"(요 10:10).

(20) 천국과 지옥을 경험한 나폴레옹과 웰링턴: 워털루 전쟁

워털루(Waterloo) 참전 용사를 위한 승리 파티 축하연

워털루 전쟁(The Battle of Waterloo)은 지금의 벨이에

(Belgium)에서 1815년 6월 18일(주)에 일어난 전쟁으로, 영국의 웰링턴(Wellington, 1769-1852)장군과 프랑스의 나폴레옹(Napoleon, 1769-1821)황제 사이의 전쟁이다. (필자가 1973년 여름에 방문하여 Lion's Mound에 올라갔다.)

나폴레옹은 전략의 천재요 천기의 천재이다. 그는 자기 자신의 천재성을 믿었다. 영국의 웰링턴 장군은 하나님께 지혜와 총명을 주실 것을 구했다.

먼저 언덕위의 농가를 점령하는 측이 승리할 가능성 컸다. 나폴레옹의 부관이 나폴레옹 황제에게 "각하 포대를 옮겨야 합니다." 라고 했다. 전략과 기후의 천재인 나폴레옹 황제는 "새벽에 포대를 이동해도 늦지 않네."라고 했다.

나폴레옹 황제는 그 맑은 날씨에 밤 동안에 소나기가 폭우처럼 내릴 것은 알지 못했다. 소나기가 내릴 것은 아무도 몰랐다. 그러나 소나기가 내려, 나폴레옹군은 이른 새벽에 포대를 이동하기가 어려웠다. 웰링턴 장군의 영국군 기마병이 언덕위의 고지를 먼저 점령했다. 하늘이 나폴레옹을 돕지 않았다. 웰링턴 장군의 승리였다.

나폴레옹 황제를 무찌른 웰링턴 장군과 군사들이 런던에 개선하였다. 그들을 위한 개선 축하연이 성대하게 벌어졌다. 왕족과 귀빈과 숙녀들과 용맹을 떨친 용사들로 초만원을 이루었다.

요리가 차례로 나오고, finger bowl(식사할 때 손가락 씻는 물그릇)이 놓여 있었다. 농촌 출신인 한 병사(table manner를 모르는)가 목이 말라 갑자기 그 물을 마시기 시작했다. 귀빈과 신사들은 눈이 휘둥그레지고, 숙녀들은 킥킥 웃기 시작하고, 웃음꺼리가 된 그 병사는 얼굴이 붉어지고... 묘한 분위기가 형성되었다.

그 때 웰링턴 장군은 손 씻는 그릇을 들고 벌떡 일어나서, 큰소리로 "신사숙녀 여러분, 저 워털루(Waterloo)의 용사를 따라, 우리도 이 물로 건배하시지 않겠습니까?"하고 물을 마시기 시작했다. 우레 같은 박수 속에 모두 일어서서 손 씻는 그릇으로 건배하고 그 물을 마셨다.

그 농촌 출신 병사는 구조된 것이다. 그 병사를 포함한 모든 병사들이 웰링턴 장군의 덕을 기렸다. 참석한 모든 사람들은 장군의 따스한 인간미에 감격하여 눈물지었다.

하나님께서 웰링턴 장군에게 지혜와 총명을 주셔서, 워털루 전쟁을 이기게 하시고, 농촌 출신 병사를 위하는 그 넓은 마음을 주셔서 역사에 길이 남는 인물이 되었다. 그러나 자기의 지혜를 믿은 나폴레옹 황제는 패전하여 역사의 뒤안길로 사라진 것이다. 워털루 전쟁을 통해, 웰링턴 장군은 천국을 경험하게 되었으나, 나폴레옹 황제는 지옥을 경험하게 되었을 것이다.

(21) 지옥의 왕 루시퍼(Lucifer)(사 14:12)

하나님께서 말할 수 없이 아름다운 천사로 창조하셨다. 이름을 루시퍼라 하셨다. 루시퍼는 스랍 이였으며, 하나님의 동산의 관리자였다. 루시퍼는 현명하고, 모든 천사들 중에 가장 영광스러운 자였으며, 낙원에서 예배 인도자였다. 루시퍼는 너무나 광체가 나고 찬란하기에 "아침의 아들 계명성(새벽별)"이라고 불려졌다(사 14:12).

루시퍼(Lucifer)란 이름은 히브리어 "helel"을 번역한 말로서, 빛나는 것, 혹은 빛을 나르는 자란 뜻이다. 그는 하나님의 광휘의 장엄한 위엄(권위)을 반영한다. 에스겔은 루시퍼를 다음과 같이 분명하게 기술하고 있다.

12 인자야 두로 왕을 위하여 슬픈 노래를 지어 그에게 이르기를 주 여호와의 말씀에 너는 <u>완전한 도장(model)이었고 지혜가 충족하며 온전히 아름다웠도다</u> 13 네가 옛적에 하나님의 동산 에덴에 있어서 <u>각종 보석 곧 홍보석과 황보석과 금강석과 황옥과 홍마노와 창옥과 청보석과 남보석과 홍옥과 황금으로 단장하였음이여</u> 네가 지음을 받던 날에 너를 위하여 <u>소고와 비파가 준비되었도다</u> 14 너는 기름 부음을 받고 지키는 <u>그룹</u> 임이여 내가 너를 세우매 네가 하나님의 성산에 있어서 불타는 돌들 사이에 왕래하였도다.(겔 28:12-14)(필자 밑줄)

루시퍼는 나래로 하나님의 성전에서 하나님의 영광이 나타나는 곳을 덮었다. 모세의 성막에서 그룹들이 그 날개로 하나님의 영광이 나타는 곳과 속죄소를 덮은 것처럼(출 37:9). 하나님은 루시퍼를 자유 의지를 가지고 결정권을 가진 천사로 창조 하셨다.

이사야 14:12에 보면, 루시퍼가 셋째 하늘에서 떨어졌음을 말하고 있다. "너 아침의 아들 계명성이여 어찌 그리 하늘에서 떨어졌으며 너 열국을 엎은 자여 어찌 그리 땅에 찍혔는고"

루시퍼가 낙원에서 쫓겨난 이유를 이사야 14:13-14에서 설명하고 있다.

"13 네가 네 마음에 이르기를 내가(I will ascend...) 하늘에 올라 (내가 I will exalt..)하나님의 뭇 별 위에 내 자리를 높이리라 내가(I will also sit...) 북극 집회의 산 위에 앉으리라 14 (내가 I will ascend above...)가장 높은 구름에 올라가 (내가 I will be like...)지극히 높은 이와 같아지리라 하는도다"(필자 밑줄)

위에서 인용한 구절에서 루시퍼는 5번 "내가(I wll...)"함으로써, 자신이 하나님의 보좌를 차지하려는 교만함(야심)을 나타내고 있다.

루시퍼는 자기중심(self-centered)으로, 하나님 중심

(Theo-centered)이 아니라, 자신의 현재의 자리에 불만을 품고, 경배 받기를 원했다. 루시퍼(용)는 자기 수하에 있는 천사들 3분의 1을 이끌고 하나님께 반역하려는 음모를 꾸몄다(계 12:4).

요한계시록 12:7-9에서 루시퍼와 그의 천사들의 반역의 결과 그들은 셋째 하늘에서 내어 쫓김을 당했다고 다음과 같이 기술하고 있다.

7 하늘에 전쟁이 있으니 미가엘과 그의 사자들이 용과 더불어 싸울새 용과 그의 사자들도 싸우나 8 이기지 못하여 다시 하늘에서 그들이 있을 곳을 얻지 못한지라 9 큰 용이 내쫓기니 옛 뱀 곧 마귀라고도 하고 사탄이라고도 하며 온 천하를 꾀는 자라 그가 땅으로 내쫓기니 그의 사자들도 그와 함께 내쫓기니라 (필자 밑줄)

루시퍼와 그의 천사들의 운명은 요한계시록 20:10에서 "또 그들을 미혹하는 마귀가 불과 유황 못에 던져지니 거기는 그 짐승과 거짓 선지자도 있어 세세토록 밤낮 괴로움을 받으리라"고 했다

하나님께서 루시퍼에게 권력, 권위, 아름다움, 지혜를 선물로 주셨다. 그러나 루시퍼는 자신의 교만 때문에, 자신이 받은 선물(축복)은 아이러니하게도 자신을 전락하게 하는 도구로 바뀌어 버린 것이다.

루시퍼는 자신의 아름다움 때문에, 교만하여져서, 셋째 하늘에서 쫓겨난 것이다. 우주에서 첫째가는 죄는 살인이나 음행이 아니라, 반역을 하게한 교만(pride, hubris)인 것이다. (hubris는 [헬] ὕβρις 에서 온 것이다.)

John Milton의 Paradise Lost 『실낙원』(제책, 263)에 보면, 사탄은 "천국에서 섬기느니 지옥에서 다스리는 편이 낫지(Better to reign in Hell, than serve in Heaven)"라고 한다.

천국에서 2인자의 굴욕을 참기보다는 지옥에서 1인자의 영광을 차지 하겠다는 것이다. "교만에는 멸망이 따르고, 거만에는 파멸이 따른다"(잠 16:18).

루시퍼의 전락 이래로, 사탄은 많은 이름으로 알려졌다.

마귀(devil)(마 4:1), 우는 사자(벧전 5:8), 강한 자(막 3:27), 살인자, 거짓의 아비(요 8:44), 큰 용, 옛 뱀, 온 천하를 꾀는 자(계12:9), 죽음의 세력을 잡은 자(히 2:14), 악한 자(요일 5:19), 시험하는 자(마4:3), 귀신의 왕 바알세불(마12:24), 이 세상의 임금(요14:30), 공중의 권세 잡은 자(엡 2:2), 무저갱의 사자([히] 아바돈(Abaddon), [헬]아볼루온 Apollyon)(계 9:11).

귀신의 왕 바알세불(Beelzebub)(마 12:24):

"바알세불"은 "에그론의 신 바알세붑(Baalzebub the

god of Ekron) (왕하 1:2-3, 6, 16)으로 표현하고 있다.
(에그론은 가나안 남서쪽에 위치한 블레셋의 5개 도시 중 하나이다.) 바알세불은 블레셋에서 경배된 신으로, 가나안의
"바알신"과 관계가 있다. 바알(Baal)은 우가리트어(셈 어족
의 死語)에서 왕(Lord)이란 뜻이다.

바알신은 질병의 원인이 되는 파리들을 쫓아버린다는 미신으로 "바알세불"은 "파리들의 왕(lord of the flies)"이란
뜻이다.

[상식]: William Golding(1911-1993)은 Lord of the Flies 「파리들
의 제왕」 이란 소설을 썼다. 윌리엄 골딩(William Golding)
은 영국의 소설가, 극작가, 시인으로서 1983년에 노벨 문학
상 수상함.
제2차 세계대전의 와중에서 영국은 비행기로 일단의 6세로
부터 12세까지의 청소년들을 철수시키고 있었다.그 비행기
가 저격을 당하여 무인도인 열대지방의 섬에 추락 당한다.
소년들은 섬에서의 생존을 위해 랄프를 지도자로 선택하고,
랄프는 음식물을 구해오는 소년들의 책임자로 '젝'이란 소년
을 임명한다.
그 때부터 랄프와 젝 사이의 주도권을 위한 갈등이 야기된
다. 랄프는 문명, 질서, 이성, 법적, 생산적인 성품을 나타내
는 반면에, 젝은 야만, 혼란, 폭력, 충동적, 권력을 위한 욕망
을 강하게 나타낸다.

(22) 파우스트 박사와 메피스토펠레스 (Mephistopheles)

문학에서 사탄은 메피스토펠레스(Mephistopheles)로도 표현된다. 독일의 문호 괴테(Goethe, 1749-1832)가 쓴 『파우스트』에서 Heinrich Faust가 프랑스의 점성가 노스트라다무스(1503-66)의 책을 열어 주문을 외운다. 그 주문으로 영계에서 메피스토펠레스가 나타난다.

영국의 Christopher Marlowe(1563-1593)의 『파우스투수 박사의 비극적 역사』(The Tragic History of Doctor Faustus(1588-1592)란 드라마에서 메피스토펠레스가 등장한다. Wittenburg대학의 석학이며 철학, 법학, 의학, 신학을 통달한 파우스투스 박사는 인간의 한계를 초월하려는 지식욕에 사로잡히게 된다. 파우스투스 박사는 하나님처럼 지상과 자연계를 장악하기 위해, 주문을 외워, 메피스토펠레스(Mephistopheles)를 불러낸다.

Mephistopheles는 [헬]메피스(מיפס) 흩어버린다 (scatterer, disperser)는 뜻, 토펠(tophel)은 토펠 세켈 (רקש לפט)의 준말로 거짓말의 흰 반죽을 바르는 자 (plasterer of lies)란 뜻이다.

또한 Mephistopheles는 3개의 헬라어를 결합한 말로, Μή(메)=not, Μή(포스)=light, φιλις(필리스)=loving 등 단어들이 합하여 "not-light-loving" (빛을 사랑하지 않는 자)란 뜻이 된다.

이사야 14:12에서 "너 아침의 아들 계명성이여(KJV-O Lucifer, son of the morning!)"라고 하였다. 루시퍼는 "light-bearer, 빛을 운반하는 자"를 풍자한 말이다.

이 땅에서 Faustus박사가 주문을 외우니 영계에서 Mephistopheles가 나타난다. 그의 능력을 24년간 마음대로 부린다는 조건하에 Faustus박사는 피로서 맹세하고, 자신의 영혼을 사탄에게 팔아버린다.

Faustus박사는 메피스토펠레스의 도움으로 구천을 여행하기도 하고, 연회석상에서 교황의 술잔과 음식을 빼앗고, 교황의 뺨을 때리기도 한다. 독일 황제 챨즈 5세의 요청에 따라 알렉산더 대왕과 그의 왕비의 환영을 불러내기도 한다. 오쟁이 기사의 머리 양쪽에 뿔을 나게 하여, 귀족들 앞에서 창피를 주기도 한다. 안홀트 공작부인을 위해 겨울에 인도로부터 신선한 포도송이도 따오기도 한다. 온갖 장난을 다 친다.

Dr. Faustus는 천상의 진리에 도전하려는 자가 아이러니하게도 형편없는 인간으로 전락했음을 보여주고 있다.

Faustus박사는 피로 계약한 24년의 마지막 순간이 다가오자 다음과 같은 절박한 유명한 말을 남긴다.

"시간은 흐르고,... 누가 나를 아래로 땅기느냐?
보라, 보라, 그리스도의 피가 창공에서 흐르누나!
한 방울 만도 내 영혼을 구원할 것인데,
아니 반 방울만도, 아 그리스도여!...

(One drop would save my soul,

half a drop; Ah, my Christ)

산이여, 언덕이여, 내 위에 무너져,

하나님의 무서운 진노로부터 나를 숨겨다오!"

시간은 흘러 밤 12시가 치는 소리가 들린다. 악마들은 천
둥과 번개 속에서 Faustus박사를 지옥으로 끌고 간다.

중요한 것은 파우스트스 박사가 지상에서 주문을 외워 하
나님같이 되려고 사탄(Mephistopheles)을 불러내었지만,
그의 결말은 아이러니하게도 냉소적으로 타락된 존재로 전
락하여, 어둠의 지옥으로 끌려가버린다.

(23) 바울이 말하는 사탄과 그의 거짓된 왕국의 4조직(엡 6:12).

천사들도 권세(authority), 권능(power), 영광에 따
라 조직되었다. 천사장들, 스랍들, 그룹들, 통치자들
(principalities), 권세(power), 능력(thrones), 주권
(dominion)(엡 1:21; 골 1:16; 벧전 3:22)으로 조직되어
있다.

바울은 골로새서 1:16에서 하나님 나라 안에서 권세의 4
가지 수준을 다음과 같이 기술하고 있다. "만물이 그에게서
창조되되 하늘과 땅에서 보이는 것들과 보이지 않는 것들과

혹은 왕권들(thrones)이나 주권들(dominions)이나 통치자들(principalities)이나 권세들(powers)이나 만물이 다 그로 말미암고 그를 위하여 창조되었고"(필자 밑줄)

바울은 에베소서 6:12에서 사탄의 왕국의 4계급을 기술하고 있다. "왕권이나 주권이나 권력이나 권세나 우리의 씨름은 혈과 육을 상대하는 것이 아니요 통치자들(principalities)과 권세들(powers)과 이 어둠의 세상 주관자들(rulers of darkness)과 하늘에 있는 악의 영들(spiritual hosts)을 상대함이라"(필자밑줄)

사탄의 왕국의 계급에서 하나님 나라에 있는 왕권들(thrones)과 주권들(dominions)이 없는 것은, 루시퍼가 반역하여 천사 3분의 1이 그를 따를 때 왕권들(thrones)과 주권들(dominions)에 속한 천사들은 루시퍼의 반역에 가담하지 않기로 했다는 증거이다.

사탄의 왕국은 4개의 악한 분야로 조직 되어 있다. 첫째 분야는 타락한 천사들 즉 통치자들이다. 이들은 사탄의 최고위 통치자들로서 역할하는 것들이다. 둘째 분야는 권세자들로서, 통치자들의 뜻을 수행하는 권세를 받은 자들이다. 셋째 분야는 이 시대의 어둠의 세상 주관자들이다. 넷째 분야는 땅에 고착된 귀신들로써 사악한 영적 무리들이다. 이들은 사탄의 종으로써, 이 땅에서 사탄의 명령을 수행한다.

사탄의 지고의 목표는: 세상이 그의 앞에 절하고, 그를 하나님으로 경배하게 하는 것이다. 사탄(마귀, Devil)은 하나이나, 많은 귀신들(악한 영들)이 있다. 귀신들도, 사탄과 마찬가지로, 개성들과 목적들을 갖고 있다. 귀신들은 독특한 피조물이다: 예수님은 막달라 마리아에게서 7귀신을 쫓아내셨다(막 16:9).

귀신들도 의지를 갖고 있다: 더러운 귀신이 사람에게서 나갔을 때에 내가 나온 내 집으로 돌아가리라 하고, 저보다 더 악한 귀신 일곱을 데리고 들어가서 거한다(마 12:43-45).

귀신들도 그들이 들어간 자들 위에 지배력을 갖는다: "악귀 들린 사람이 그들에게 뛰어올라 눌러 이기니 그들이 상하여 벗은 몸으로 그 집에서 도망하는지라"(행 19:16)

귀신들도 기적을 일으키는 권능을 갖고 있다(계 16:14): "그들은 귀신의 영이라 이적을 행하여 온 천하 왕들에게 가서 하나님 곧 전능하신 이의 큰 날에 있을 전쟁을 위하여 그들을 모으더라"

귀신들도 믿음을 갖고 있다: "네가 하나님은 한 분이신 줄을 믿느냐 잘하는도다 귀신들도 믿고 떠느니라"(약 2:19)

귀신들도 교리를 갖고 있다: 성령이 밝히 말씀하시기를 "후일에 어떤 사람들이 믿음에서 떠나 미혹하는 영과 귀신의 가르침을 따르리라"(딤전 4:1)고 했다.

귀신들도 말하는 능력을 갖고 있다(마 8:29; 막 1:24): 귀신들이 예수님에게 소리 질러 말하기를 "하나님의 아들이여 우리가 당신과 무슨 상관이 있나이까"라고 했다.

귀신들도 이해력을 갖고 있다: "나사렛 예수여 우리가

당신과 무슨 상관이 있나이까 우리를 멸하러 왔나이까 나는 당신이 누구인 줄 아노니 하나님의 거룩한 자니이다"(막 1:24)

귀신들도 자의식을 갖고 있다: 예수님의 "네 이름이 무엇이냐"는 물음에, 귀신이 "내 이름은 군대니 우리가 많음이니이다"고 했다(막 5:9)

귀신들도 감정을 갖고 있다: 귀신이 큰 소리로 부르짖기를 "지극히 높으신 하나님의 아들 예수여 나와 당신이 무슨 상관이 있나이까 원하건대 하나님 앞에 맹세하고 나를 괴롭히지 마옵소서"했다(막 5:7)

귀신들도 친교(fellowship)를 원한다(고전 10:20-21): 예수님은 "너희가 귀신과 교제하는 자가 되기를 원하지 아니하노라"하시고 "너희가 주의 식탁과 귀신의 식탁에 겸하여 참여하지 못하리라"하셨다.

귀신들도 욕망을 갖고 있다: "귀신들이 예수께 간구하여 이르되 만일 우리를 쫓아내시려면 돼지 떼에 들여보내 주소서"(마 8:31)

(24) 지옥은 어떤 곳이냐? (막 9:42-49)

42 또 누구든지 나를 믿는 이 작은 자들 중 하나라도 실족하게 하면 차라리 연자맷돌이 그 목에 매여 바다에 던져지는 것

이 나오리라 43 만일 네 손이 너를 범죄하게 하거든 찍어버리라 장애인으로 영생에 들어가는 것이 두 손을 가지고 <u>지옥 곧 꺼지지 않는 불</u>에 들어가는 것보다 나으니라 44 (없음) 45 만일 네 발이 너를 범죄하게 하거든 찍어버리라 다리 저는 자로 영생에 들어가는 것이 두 발을 가지고 지옥에 던져지는 것보다 나으니라 46 (없음) 47 만일 네 눈이 너를 범죄하게 하거든 빼버리라 한 눈으로 하나님의 나라에 들어가는 것이 두 눈을 가지고 지옥에 던져지는 것보다 나으니라 48 거기에서는 <u>구더기도 죽지 않고 불도 꺼지지 아니하느니라</u> 49 사람마다 불로써 <u>소금 치듯 함을 받으리라</u>(필자 밑줄)(막 9:42-49)

위에서 인용한 성경 구절에서 지옥을 여러 가지로 표현하고 있다.

① 지옥은 꺼지지 않는 불(유황불 붙는 못)이 타는 곳

(막 9:48) "거기에서는 <u>구더기도 죽지 않고 불도 꺼지지 아니하느니라</u>" 작은 자들 중 하나라도 실족하게 하는 자의 운명은 지옥 불이다.

(마 3:12; 눅 3:17) "손에 키를 들고 자기의 타작 마당을 정하게 하사 알곡은 모아 곳간에 들이고 쭉정이는 <u>꺼지지 않는 불</u>에 태우시리라"

(유1:7) "소돔과 고모라와 그 이웃 도시들도 그들과 같은 행동으로 음란하며 다른 육체를 따라 가다가 <u>영원한 불의 형</u>

벌을 받음으로 거울이 되었느니라"

　(계 19:20; 20:10) "짐승이 잡히고 그 앞에서 표적을 행하던 거짓 선지자도 함께 잡혔으니 이는 짐승의 표를 받고 그의 우상에게 경배하던 자들을 표적으로 미혹하던 자라 이 둘이 산 채로 유황불 붙는 못에 던져지고"

　(계 20:10) "또 그들을 미혹하는 마귀가 불과 유황 못에 던져지니 거기는 그 짐승과 거짓 선지자도 있어 세세토록 밤낮 괴로움을 받으리라"

　(계 20:14-15) "사망과 음부도 불못에 던져지니 이것은 둘째 사망 곧 불못이라 누구든지 생명책에 기록되지 못한 자는 불못에 던져지더라"

② 구더기(벌레)도 죽지 않는 곳

　(막 9:48) "거기에서는 구더기도 죽지 않고 불도 꺼지지 아니하느니라"

　(사 66:24) "그들이 나가서 나를 거역한 자들의 시체들을 볼 것이다. 그들을 먹는 벌레가 죽지 않으며, 그들을 삼키는 불도 꺼지지 않을 것이니, 모든 사람이 그들을 보고 소름이 끼칠 것이다."

③ 불로써 소금 치듯 하는 곳

　(막 9:49) "불로써 소금 치듯 함을 받으리라" "모든 사람이 다 소금에 절이듯 불에 절여질 것이다."

④ 여기에 더하여 지옥이란 어두운 곳

(유 13) "자기 수치의 거품을 뿜는 바다의 거친 물결이요 영원히 예비된 캄캄한 흑암으로 돌아갈 유리하는 별들이라"

(유 6) "또 자기 지위를 지키지 아니하고 자기 처소를 떠난 천사들을 큰 날의 심판까지 영원한 결박으로 흑암에 가두셨으며"

(욥 10:21-22) "내가 돌아오지 못할 땅 곧 어둡고 죽음의 그늘진 땅으로 가기 전에 그리하옵소서 땅은 어두워서 흑암 같고 죽음의 그늘이 져서 아무 구별이 없고 광명도 흑암 같으니이다"

⑤ 지옥이란 어두운 데서 울며 이를 가는 곳

(마 8:12) (백부장의 중풍 들린 하인 고치면서) 많은 사람이 동과 서에서 와서, 하늘나라에서 아브라함과 이삭과 야곱과 함께 잔치 자리에 앉을 것이다. "그러나 이 나라의 아들들(유대인들)은 바깥 어두운 데로 쫓겨나서, 거기에서 울며 이를 갈 것이다."(필자 밑줄)

이순한 박사는 기득권을 가지고 있던 유대인들의 "불신앙과 배신행위 때문에 도리어 추방당하여 저주를 받으리라는 선언이다"라고 하고, "바깥 어두운 데로 쫓겨나서, 거기에서 울며 이를 간다"는 표현은 "'영광의 천국'의 반대 개념으로 쓰인 말씀이므로 그것이 저주의 지옥을 뜻할 것은 말할 것도 없다"고 했다.[25]

슐라터(A. Schlatter)는 그 바깥은 어둡고, 구원을 받지 못하는 울부짖는 장소요, 하나님을 생각하면서 떨며 그 심판의 두려움에 대하여 전율하는 불안한 장소인 것이라고 했다.[26]

(마 22:13) (혼인 잔치에 예복을 입지 않은 사람을 보고) "임금이 사환들에게 말하되 그 손발을 묶어 바깥 <u>어두운 데에 내던지라 거기서 슬피 울며 이를 갈게</u> 되리라"(필자 밑줄).

이순한 박사는 수족을 결박하여 바깥 어두운 곳에 내어던지라고 명령하여 거기서 울며 이를 갈게 되리라고 말씀하신 것은 "지옥의 저주를 뜻함을 말할 것도 없다"고 했다.[27]

이 예복은 예수님의 공로로 성도들이 입는 의의 옷이며, 이 의의 옷을 입지 않고 구원받을 자는 없다고 했다. 그리스도교는 옷을 중요시한다. 선악과를 먹은 아담과 하와에게 하나님께서 가죽옷을 지어 입히신 것은(창 3:21), 예수를 죽이시고 의의 옷을 입히신 일에 대한 모형과 상징이라고 했다.[28] 바울은 예수를 옷 입으라고 권하였으며(롬 13:14), 사도 요한은 "자기 두루마기를 빠는 자들은 복이 있으니"(계 22:14)라고 했다. 슐라터(A. Schlatter)도 이 예복은 "하나님의 의"라고 했다.[29] 척 스미스는 예수 그리스도로 인한 의의 옷을 입지 않은 사람들은 쫓겨날 수밖에 없다고 했다.[30]

나균용 박사는 이 예복은 선한 말(마 12:34), 긍휼과 자비와 겸손과 온유와 오래 참음(골 3:12-14), 죽은 교리에 더럽히지 아니한 옷(계 3:4-5), 성도의 옳은 행실(계

19:8), 주 예수 그리스도(롬 13:14), 거룩함으로 지으심 받은 새 사람(엡 4:23-24), 하나님의 전신갑주(엡 6:11) 등이라고 한다.[31]

(마 25:30) 금 5달란트, 2달란트, 1달란트 비유에서(마 25:14-30) 그 주인은 "이 무익한 종(1달란트 받은 자)을 바깥 <u>어두운 데로 내쫓으라 거기서 슬피 울며 이를 갈리라</u>"고 했다(필자 밑줄).

이순한 박사는 주님께서 악하고 게으른 종을 여기서는 "무익한 종"이라고 하신 것은 악한 종이 유해무익한 것은 말할 나위도 없기 때문이라고 했다.[32] 믿음이 있는 자는 충성하고, 믿음이 없는 자는 불충성함을 말씀하고 있다는 것이다.

나균용 박사에 의하면, 환난 전 휴거설을 주장하는 세대주의자들은 1달란트 받은 종도 대환난에 던져져 고생을 하는 것일 뿐, 구원에는 하등의 문제가 없다고 말한다고 하고, 이 이론은 '믿음으로만 구원을 받는다(以信得義)'는 교리에 대한 한쪽에 치우친 극단적 해석이라고 했다. 1달란트 받은 자는 구원을 받지 못한다고 했다.[33]

(마 25:11-12) 기름 준비를 게을리 한 미련한 5처녀들이 와서 "주여 주여 우리에게 열어 주소서"라고 간청했더니, 신랑이 "진실로 너희에게 이르노니 내가 너희를 알지 못하노라"고 대답했다.

"그 때에 천국은 마치 등을 들고 신랑을 맞으러 나간 열 처녀와 같다"고 했다(마 25:1)(필자 밑줄). "그 때"는 바로 주님의 재림의 때를 가리킨다. 마지막 심판을 예고하신 것이다. "신랑 되신 예수께서 다시 오실 때 밝은 등불 들고 나갈 준비됐느냐. 그날 밤…"(통 162, 합 175)을 말씀하고 있다. 신랑을 맞는 열 처녀의 비유는 말세론적 의미를 실감나게 보여주고 있다.

기름은 등불(삶, life)을 타오르게 함으로써, 기름은 의로움이며, 행함이 함께하는 믿음이요, 은혜 충만한 말씀이며, 성령이 역사하심으로 우리를 통해 그리스도의 능력과 세상의 빛을 나타냄을 상징하고 있다.

나균용 박사는 기름은 하나님의 말씀과 믿음, 성령과 성령의 각종 은사들(그 안에 지혜와 능력, 성령 충만), 사랑(그리스도의 십자가의 사랑)이라고 한다. [34]

척 스미스는 기름은 성령을 나타낸다고 하고, 기름이 없다는 것은 성경에 대한 불신앙과 회의, 예수 그리스도의 동정녀 탄생에 대한 불신, 죄 사함의 능력을 가진 그리스도의 죽음에 대한 불신을 표하면서도 스스로를 목회자라고 부르며, 주요한 교파의 일원으로 활동하며 온갖 불경한 교리들을 만들어내고 또 가르치고 있는 것을 의미한다고 했다. [35]

이순한 박사는 어리석은 자들은 형식은 다 갖추었으나 내용이 없었고, 슬기로운 자들은 형식과 내용을 모두 갖추었다는 것이다. 가시떨기에 뿌려진 씨앗과 옥토에 뿌려진 씨앗의 차이라고 말한다. 미련한 5처녀는 "경건의 모양은 있으나 경건의 능력은 부인하는 자"(딤후 3:5)로 신랑을 맞을 자격이 없는 부자격자이다. 주님은 "내가 너희를 알지 못하노라"고 선언하셨다. 혼인 잔치(하나님 나라)에 들어가는 문은 닫힌 것이다. 하나님 나라의 백성 됨을 거절당한 것이다. 미련한 5처녀는 신랑의 관심 밖에 존재한다. 그들은 그리스도인이 아니며. 주님의 사랑을 받을 자격이 없는 자들이다. 믿음이 없는 자들은 충성할 수 없다.[36]

나균용 박사에 의하면, 세대주의 자들은 이들 미련한 5처녀들도 모두 구원을 받는다고 말하지만, 그런 주장은 성경적 근거가 없다고 했다. "내가 너희를 모른다"고 하신 것은 주님의 구원 사역과는 상관이 없다는 것이다.[37]

⑤ 많이 두들겨 맞는 곳(눅 12:47)

"주인의 뜻을 알고도 준비하지 아니하고 그 뜻대로 행하지 아니한 종은 많이 맞을 것이요"

(25) 예수님이 4복음서에서 말씀하는 지옥

예수님은 4복음서에서 지옥은 어두운 곳, 슬피 울며 이를 가는 곳이라고 하셨다.

(마 8:12) 예수님은 백부장의 종의 중풍 병을 고치신 후, "그 나라의 본 자손들은 바깥 어두운 데 쫓겨나 거기서 울며 이를 갈게 되리라"고 하셨다.

"그 나라의 본 자손들" 즉 유대인들은 선택 받은 하나님

의 자녀들로서 많은 특권을 누렸지만 믿지 않기 때문에 하나
님 나라에 거부당한 자들이다. 그들은 희망 없는 완전한 어
둠 가운데 던져져서, 슬피 울며, 이를 갈 것이다.

(마 22:13) 혼인잔치에 초청받은 자들이 예복을 입지 않
고 온 자들을 향해 "임금이 사환들에게 말하되 그 손발을 묶
어 바깥 어두운 데에 내던지라 거기서 슬피 울며 이를 갈게
되리라"고 하셨다. 하니라"

(마 25:30) 5, 2, 1 달란트 받은 자들 −1달란트 받은 자
에게: "악하고 게으른 종아 나는 심지 않은 데서 거두고 헤
치지 않은 데서 모으는 줄로 네가 알았느냐" "이 무익한 종
을 바깥 어두운 데로 내쫓으라 거기서 슬피 울며 이를 갈리
라 하니라"

(요 12:35) 예수님이 자신과의 관계에서: "예수께서 이
르시되 아직 잠시 동안 빛이 너희 중에 있으니 빛이 있을 동
안에 다녀 어둠에 붙잡히지 않게 하라 어둠에 다니는 자는
그 가는 곳을 알지 못하느니라"

(마 25:41)지극히 작은 자에게 하지 못한 자들에게: "또
왼편에 있는 자들에게 이르시되 저주를 받은 자들아 나를 떠
나 마귀와 그 사자들을 위하여 예비된 영원한 불에 들어가
라"

(26) 요한계시록의 지옥

요한은 요한계시록 14:9-11에서 종말에 하나님의 심판을 말씀하면서 지옥의 모습을 다음과 같이 묘사하고 있다.

9 또 다른 천사 곧 셋째가 그 뒤를 따라 큰 음성으로 이르되 만일 누구든지 짐승과 그의 우상에게 경배하고 이마에나 손에 표를 받으면 10 그도 하나님의 <u>진노의 포도주</u>를 마시리니 그 진노의 잔에 섞인 것이 없이 부은 포도주라 <u>거룩한 천사들 앞과 어린 양 앞에서 불과 유황으로 고난을 받으리니</u> 11 그 <u>고난의 연기가 세세토록 올라가리로다</u> 짐승과 그의 우상에게 경배하고 그의 이름표를 받는 자는 누구든지 <u>밤낮 쉼을 얻지 못하리라</u> 하더라(필자 밑줄)

하나님의 심판은 짐승(적그리스도)을 따르고 짐승의 표를 받은 자에게 내린다. 짐승의 표를 받은 자는 첫 충성과 의무를 국가와 세속 사회와 그 지도자인 적그리스도에게 바치는 자들이다.

하나님 앞에서 보다, 국가와 세속 사회에 충성하며 예배하는 자는 짐승의 표를 받게 될 것이다(계 14:9). 짐승의 표를 받은 자는 하나님은 둘째요, 하나님보다 국가와 그 지도자가 더 중요하며, 하나님보다 국가와 그 지도자가 인간을 위해 더 큰 일을 할 수 있으며, 국가와 세상지도자가 인류의 희망이지, 하나님이 희망이 아니란 것이다.

　종교는 국가에 소속되어야 한다고 주장한다. 하나님 보다 국가 우위 사상을 거부하는 자들에 대한 집단적인 대학살이 감행 될 것이다. "짐승과 그의 우상에게 경배하고 그의 이름표를 받는 자"는 불신앙 자요 악한 자들이다. 하나님의 진노가 종말에 불신앙 자와 악한 자 위에 떨어질 것이다.

　위의 말씀에서 하나님의 심판은 4가지 형태로 나타난다. 불신앙 자와 악한 자는:

① 하나님의 진노의 포도주를 마실 것이다.

　하나님은, 새 하늘과 새 땅에서, 하나님을 믿지 않고, 거부하고, 부정하고, 저주하는 자들을 제거해 버릴 것이다. 하나님의 아들의 의로움을 거부하고, 그리스도가 그들의 죄를 위해 죽으시고 부활하셨음을 믿기를 거부하는 자들을 제거해 버릴 것이다.

　하나님은 완전한 사랑이시면서, 완전한 정의로운 분이시다. 하나님은 사랑이심으로 믿는 자들에게 새 하늘과 새 땅을 주실 것이다. 그러나 하나님은 정의로우시기에 불신앙 자와 악한 자에게 진노와 분노의 포도주를 철저하게 마시게 할 것이다.

② 불과 유황으로 고통을 받을 것이다.

불과 유황은 이때까지 땅위에 떨어진 가장 무서운 심판이다. 소돔과 고모라에 떨어진 불과 유황이 심판 날에 불신앙 자와 악한 자 위에 떨어질 것이다. 불과 유황은 화산이 폭발할 때 분출하여 흐르는 용해된 용암의 뜨거운 화염과 같은 것을 말한다. 그 뜨거운 용암 속 한 가운데서 영원히 고통 받아야 하는 것이 바로 지옥이다

③ 거룩한 천사들과 어린 양 앞에서 불과 유황으로 고난을 받을 것이다.

그리스도는 불신앙 자와 악한 자를 지옥에 던지라고 명령할 것이다. 거룩한 천사들은 그 명령을 수행할 것이며, 그리스도는 거기에 계시고, 모든 불신앙 자들의 눈이 그리스도를 볼 것이다. 그래서 그리스도가 하나님의 아들임을 입증할 것이다.

불신앙 자와 악한 자들이 그리스도를 대적하여 행한 가공할 일들에 대한 위대한 무서운 심판 날에, 그들은 그리스도가 그들을 구원하려 오신 하나님의 아들이요 참 메시아임을 알게 될 것이다.

그리스도가 그들 악한 자들을 우주에서 제거해 버리는 심판자로서 하나님의 아들임을 알게 될 것이다. 그리스도가 우주에 선하심과 의로우심을 가져오시는 찬양 받으실 주님임을 알게 될 것이다.

④ 불과 유황의 고통의 연기 속에서 영원히 고통을 받을 것이다.

형벌, 비참, 고통과 괴로움으로 비틀림, 결코 단 하루의 밤낮 동안의 평화와 휴식도 없고, 끝없는 불과 유황의 고통의 연기가 영원히 올라올 것이다. 지옥은 영원히 지속되는 형벌의 세계이다.

천국과
지옥

HEAVEN and HELL

제2장

천국과 지옥을 보고 온
사람들의 간증

(1) 개인이 비전과 꿈으로 본 천국과 지옥은 개인의 간증이다.[38)]

제가(서사라 목사가) 경험 한 것이 제가 천국을 다 본 것도 아니고 하나님께서는 저에게 천국의 일부를 보여 주셨을 뿐입니다. 지옥도 일부만 보여 주셨는데 제가 어떻게 천국과 지옥을 다 압니까?

저는 제 책에서 하나님께서 제가 보여주신 것만 얘기 했고, 제가 본 것이 성경에 그렇게 적혀 있는 경우에는 "그럴 것이다"라고 얘기한 것뿐입니다. 제가 천국의 일부와 지옥의 일부를 본 것이므로 제가 말한 것이 맞을 수도 있고 안 맞을 수도 있는 것입니다.

하나님께서는 중국 사람은 중국 사람한테 맞게 보여 주시고, 또 아프리카 사람(흑인)에게는 아프리카 사람에게 맞게 보여시며, 백인에게는 백인문화에 맞게 보여주시는 것으로 압니다.

그래서 저는 아시아인 임으로 제게는 또 동양인 문화에 맞게 보여주셨을 것입니다. 그러므로 우리(제가)가 본 것은 하나님의 말씀인 성경의 말씀처럼 결코 절대성을 가지지 못합니다.

천국과 지옥 간증은 단지 개인이 체험한 간증이므로 개인이 개인적으로 체험한 것을 얘기한 것뿐이지 절대성을 가질 수는 없는 것입니다. 저 개인적인 체험이 성경의 말씀과 일치할 때는 '아 그런가보다' 하는 것이지, 그것이 교리화 되거나 또는 절대성을 가질 수는 없는 것입니다.

아담과 하와가 지옥에 있는 것을 제가 본 것도 저의 개인적인 체험일 뿐입니다. 누군가가 나서서 자기는 그들을 천국에서 보았다하면 저는 할 말이 없습니다. 우리가 진실을 알려면 우리가 죽어서 천국 가서 확인해볼 때 확실하게 알게될 것입니다.

절대 무오성을 가진 성경을 100% 확실하게 해석하는 사람은 아무도 없습니다. 그(성경) 말씀자체는 절대성을 가지나, 우리의 해석은 "단지 그럴 것 같습니다(It seems to be)"라고 하는 것이지, 결코 성경말씀처럼 절대성을 가질 수는 없는 것입니다.

저희 아버지가 천국서 농사짓고 있고 또 기와집에 사신다는 것도 제가 한국 사람이라 한국사람 문화에 맞게 하나님께서 제게 보여주신 줄로 믿습니다. 다 개인적인 체험일 뿐입니다. 이런 것은 성경에 나와 있지 않는 내용들입니다.

예수님이 나의 신랑 되시고 제가 그분의 신부됨을 보여주실 때에는 주님께서 한국사람 결혼식 때 입는 남자 복을(맞절할 때 입는 재래식 남자 결혼복) 입으시고 제게는 오색으로 치장된 치마저고리를 입히시고 머리를 틀어 비녀를 꽂고 또 머리에는 한국전통적인 꼭지를 올려놓은 복장을 입히십니다.

이것이 바로 우리 문화(저의 가정 문화)에 맞게 보여주시는 것을 단적으로 보여주시는 것이라 할 수 있는 것입니다. 다시 한 번 말씀드려서 천국 지옥 간증은 간증일 뿐입니다.

[필자 해설과 제안]: 서사라 목사는 자신의 천국과 지옥에 대한 간증은 서사라 목사 개인이 본 것을 기록한 간증일 뿐이라고 했다. 주님은 서 목사에게 천국과 지옥에 관한 것을 보여 주실 때, 서 목사가 이해하도록, 서 목사의 삶의 배경인 한국 문화 풍토와 서 목사가 자라온 그 가정의 문화 풍토의 범주 안에서, 그리고 서 목사의 개인적인 문화 풍토에 더하여, 서사라 목사는 한국과 미국의 대학에서 교육 받은 과학자요 목사로서의 지적 풍토의 범주 안에서 보여 주신 것 같다. [서사라 목사는 이화여대 의과대학을 졸업하고 의사면허 (M. D.)를 취득했으며, 서울의대 의과대학 생리학 석사를 취득하고, 미국 브라운대 의대에서 생물학 박사(Ph. D.)를 취득했으며, 미국 UCLA 의과대학 연구원생활(Postdoctoral Fellow)을 했으며, 그리고 미국 탈봇 신학대학에서 목회학 석사(M. Div.)를 받았으며, 미국교단(Christian Churches Disciples)에서 목사 안수를 받은 석학이다.

그러기에 서 목사는 자신의 꿈과 비전을 통해서 보게 된 천국과 지옥에 대한 간증을 교리화하거나 신학적인 이론으로 논쟁화 할 필요성은 느끼지 않는다고 진솔하게 말하고 있다. 서 목사는 성경 내용의 해석에 관한 것도 "…입니다(It is…)"라고 하지 않고, "단지 그럴 것 같습니다(It seems to be)"라고 하고 있으며, 결코 성경말씀처럼 절대성을 가질 수 없다는 것을 분명히 하고 있다. 그러기에 서사라 목사는 자신이 경험한 꿈과 비전을 통해서 자신이 간증한 내용이 혹시라도 신학적으로 논쟁의 여지가 있으면, 신학자들의 진솔한 토론을 통해서 자신이 인지하도록 해 주시기를 바라는 겸손한 태도를 보이고 있다.

서사라 목사는 꿈과 비전을 통해서 본 천국과 지옥에 관해서 기록한 7권의 간증은, 과학자로서 목사로서, 보고 들은 것들에다가 자신이 읽은 성경 말씀의 구절을 자신의 지식의 한계 안에서, 미사여구를 사용하지 않고, 꾸밈 없이 진솔하게 있는 그대로 기록하고 있다. 이런 점에서 과학자로서, 학자로서, 목사로서의 순수성을 돋보이게 한다.

메리 박스터의 말

메리 박스터(Mary K. Baxter)는 『하늘나라에 대한 계시』(A Divine Revelation of Heaven)와 『지옥에 대한 계시』(A Divine Revelation of Hell)의 저자이다. 그녀(메리 박스터)는 말하기를, 자기가 평소에 마음에 생각하고 있던 것을 주의 천사가 보여주기 시작했다고 한다.[39]

메리 박스터는 주의 천사가 자기에게 천국과 지옥(주로 지옥)을 보여 주었을 때는 메리 박스터 개인의 인식의 한계 안에서 천국과 지옥의 영계에 관한 것을 보여 주었음을 말하고 있다. 아마도 인간의 한계성 때문이리라.

성경에서 꿈과 비전(vision)을 사용하여 보여준 경우

빌 비에세(Bill Wiese)는 『지옥에서의 23분』(23 Minutes

in Hell)에서 성경에서도 사람들이 꿈과 환상 가운데서 영계(靈界)에 관한 것을 본 내용을 다음과 같이 기록하고 있다.[40]

하나님은 경고하시고 지시하시기 위해 누군가에게 꿈과 환상을 주신다.

욥은 "주께서 꿈으로 나를 놀라게 하시고 환상으로 나를 두렵게 하시나이다"(욥 7:14)라고 했다.

요엘은 "그 후에 내가 내 영을 만민에게 부어 주리니 너희 자녀들이 장래 일을 말할 것이며 너희 늙은이는 꿈(dreams)을 꾸며 너희 젊은이는 이상(환상, visions)을 볼 것이며"(욜 2:28)라고 했다.

욥기 33:14-16에 보면 하나님이 말씀을 하시고 또 하신다고 하더라도, 사람이 그 말씀에 주의를 기울이지 못할 뿐이라고 했다.

사람이 꿈을 꿀 때에, 밤의 환상을 볼 때에, 또는 깊은 잠에 빠질 때에, 침실에서 잠을 잘 때에, 바로 그 때에, 하나님은 사람들의 귀를 여시고, 말씀을 듣게 하신다고 했다.

발람은 하나님의 말씀을 듣는 자요, 전능자의 환상을 보는 자라고 기술하고 있다(민 24:4).

다니엘은 환상을 보고, 그 비밀을 밝히 알게 되어 하늘의 하나님을 찬송했다(단 2:19).

하박국에게 하나님은 묵시를 기록하여, 판에 똑똑히 새기라고 하셨다(하박국 2:2).

스데반이 순교 당할 때 하늘을 쳐다 보면서 환상을 보고

서 "보라 하늘이 열리고 인자가 하나님 우편에 서신 것을 보노라"(행 7:56)라고 탄성을 발했다.

바울은 셋째 하늘(하나님 나라)에 간 경험을 "내가... 주의 환상과 계시를 말하리라... 그가 몸 안에 있었는지 몸 밖에 있었는지 나는 모르거니와 하나님은 아시느니라"(고후 12:1-2)고 하였다.

바울은 다메섹으로 가는 길에서(행9:3-4) 홀연히 하늘로부터 빛이 그를 둘러 비추는지라, 그가 땅에 엎드러져 들으매 소리가 있어 "사울아 사울아 네가 어찌하여 나를 박해하느냐"는 주님의 음성을 들었다.

(2) 주님이 주신 꿈의 지시로 전쟁의 승리: 조지 페턴 장군

세계 제2차대전 때 미국의 조지 패턴(George Patton) 장군(1885-1945)의 이야기는 유럽의 벌지 전투(1944년 12월 16일-1945년 1월 25)에 관한 이야기와 관계된 것이다. 세계 제2차대전 말엽에 독일 최후에 중요한 공격 때 숲이 무성하게 우거진 지역(벨기에, 프랑스 룩셈불그, 서부전선)의 일기가 구름이 짙게 끼여, 연합군의 비행기 출격을 불가능케 했다.

연합군은 비행기가 출격하여 지상군을 돕도록 하기 위해서 좋은 기후가 필요했다. 조지 패톤 장군은 제3군단 군목

제임스 오닐(James O'Neill) 대령에게 명령하여 비행기가 출전을 잘할 수 있도록 기도를 해 달라고 했다.

제임스 오닐 군목은 다음과 같이 기도했다. "전능하시고 가장 자비로우신 하나님 아버지 우리는 겸손하게 당신에게, 당신의 선하심에 간구합니다. 우리가 싸울 수 있도록, 이 엄청난 비를 멈추게 하여 주옵소서. 전쟁을 할 수 있도록 우리에게 좋은 기후를 주시옵소서!

군인들로서 당신에게 부르짖는 우리의 기도를 들으시고, 당신의 권능으로 무장하여, 우리가 전진하여 승리하고 또 승리하게 하시고, 저 원수들의 악한 세력과 탄압 세력을 무찌르게 하시고, 인간들과 국가들 사이에 당신의 정의를 세우게 하소서. 예수 이름으로 기도합니다. 아멘."[41]

기도 후에, 기후가 바로 좋아지기 시작했다. Patton 장군은 군목 O'Neill 대령에게 그 자리에서 Bronze Star Medal(청동 별 훈장)을 수여했다.

Patton장군은 새벽 4시에 전군을 명령하여 공격을 개시했다. 2차 대전의 방향을 승리로 바꾸었다. 조금만 늦었더라도 전쟁의 결과가 문제 될 뻔했다고 한다. 후에 부관이 Patton 장군에게 "잠옷 위에 군복을 입으시면서 왜 그렇게 급하게 서두르셨습니까?"하고 물었다. Patton 장군은 "꿈에 하나님의 사자의 지시를 받았네!"라고 했다.[42]

I. 천국의 모습

(3) 서사라 목사가 체험한 천국

서사라 목사는 수호하는 천사를 따라 수레
에 올라타고 천국 대문에 이르자 두 천사가
천국 대문을 양 옆으로 활짝 열어주었다.[43]

서 사라 목사는 천국의 모습을 다음과 같
이 묘사하고 있다.

서 목사를 태운 수레가 천국의 황금대로에
도착하여, 서목사가 내리자 주님이 바로 수
레바깥에서 나를(서 목사를) 맞아 주셨다. 주
님과 나는 천국에 있는 내 집 정원에 와 있었
다. 내 집 황금대문을 들어서면 연못이 바로
보이는데, 이곳에서 내 집 현관까지 그 큰 연

못을 가로질러 아름다운 구름다리가 놓여 있다.

주님과 나는 그 구름다리 위를 미끄러지듯 걸어갔다. 주님과 내가 그 아름다운 구름다리를 건너고 있을 때 구름다리 아래 잉어들이 뛰어 올랐다. 푸른색 잉어와 회색잉어가 같이 뛰어 오르고, 주황색이 있는 은빛 나는 잉어와 분홍색 잉어, 노란색 잉어들이 높이 뛰어 오르며 나를 반가워했다.

주님이 나의 왼편에 서서 가시는데, 왼편에서 잉어 한 마리가 올라와 그 입에서 보석을 하나 꺼내 내 손에 넣어 주었다.

주님과 내가 그 구름다리를 다 건넜을 때에 우리의 왼편 쪽의 정원에는 생명수를 나르는 시내가 흐르고 있었다. 또한 그 옆쪽으로는 눈물이 보석이 되어 담겨져 있는 분홍색의 눈물 병이 진한 녹색 잎들 속에 놓여 있어서 마치 꽃처럼 보였다.

주님과 내가 나의 집 현관 쪽으로 왔을 때에 집을 관리하는 4천사들이 우리에게 인사를 한다. 이들은 다 날개가 있는 천사들이다. 주님과 나는 현관문을 통하여 안으로 들어갔다. 모세가 어느새 우리 집에 와 있었다. 주님이 앉으시는 의자는 완전 황금으로 예쁘게 장식된 아름다운 의자였고, 의자는 그 높이가 더했다. 모세가 앉는 자리도 황금으로 된 의자였다.

모세는 나에게 황금 지팡이를 주면서 내가 날마다 이것을 가지고 다녀야 한다고 했다. 나에게 주어진 사명을 다하기까지... 할렐루야!

나는 내가 입은 드레스 그리고 머리에는 다이아몬드로 만들어진 면류관을 쓰고 있었는데, 이 옷차림에 그 황금지팡이가 조금 안 어울린다 생각했다...

서사라 목사는 한복 차림의 예수님과 춤을 추었다.[44)]

서 목사가 천국에 올라가니, 옛날 조선시대 하인과 같은 하얀 옷을 입은 천사들 4명이 서 목사를 꽃마차에 태워 강가로 데려갔다. 다른 천사들이 서 목사를 그 강물에 목욕을 시켰다.

천사들은 서 목사에게 망사 천이 덮인 하얀 세마포를 입혔다. 그리고 그들은 옛날 신부들이 입는 한국의 색동저고리를 입혔다. 조선시대 하인들 같이 생긴 4천사들이 다시 서 목사를 꽃가마에 태워 천국의 연회장으로 갔다.

가마에서 내리자마자 주님은 나와 춤을 추기 위해 기다리고 계셨다. 주님은 우리 한국의 옛날 신랑들이 입는 한복 차림을 하고 계셨다. 하얀 바지저고리에 청색의 겉옷을 입고 계셨다. 그리고 신랑들이 쓰는 모자도 쓰고 계셨다.(필자 밑줄)

서사라 목사의 이야기는 다음과 같이 계속하고 있다. 주님은 꽃가마에서 내리는 나를 신부로 맞이하시는 것이었다. 그 순간 얼마나 나의 가슴이 뭉클하고 눈물이 날 것 같았다. 나를 사랑하심이 이렇게... 표현이 되는 구나... 나는 말을 할 수 없이 너무 좋아서 너무 기뻐서 울었다. 그리고 나는 주님의 연회장에서 한없이 춤을 추었다.

[필자 해설]: 주님은 한국 사람인 서사라 목사에게는 한국 문화적인 풍속으로 천국에 관한 것을 보여주시는 것 같다. 한국의 색동저고리, 조선시대 하인들 같이 생긴 4천사들, 주님이 한국의 옛날 신랑들이 입는 한복 차림, 신랑들이 쓰는 모자 등

서사라 목사의 "아버지가 계신 곳은 벌을 받는 장소가 아니라 농사를 짓는 곳"[45]

서사라 목사는 천국에 올라갔다. 두 천사가 4마리의 말과 아름다운 수레를 가지고 와서 천국으로 왔다. 서 목사는 노란 드레스를 입고, 머리엔 다이아몬드 면류관을 쓰고 있었다.

주님은 서 목사를 밭이 있는 곳으로 데리고 갔다. 거기에는 밭이 있었고 흙도 있었다. 농사를 짓는 곳이었다. 여자들이 흰 옷을 입고 농사를 짓고 있었다. 내(서 목사) 육신의 아버지도 보였다. 주님을 나를 다시 이곳으로 데리고 온 것이다. 내 아버지가 살고 계신 곳에서는 농사를 짓고 있다는 것을 다시 한 번 보여주시는 것이었다.

주님과 요한과 모세와 나는 피크닉 테이블에 앉아 있었다. 내 육신의 아버지가 거기에 나타났다. 그리고 모세의 옆의 의자에 앉으셨다. 내가 아버지에게 질문할 것이 있음을 알고, 주님이 아버지를 부르신 것이다.

전에 내가 아버지 사시는 곳에 갔을 때 아버지는 넓은 밭에서 무우 농사를 지으시는 것을 보았다. 나는 아버지께 물었다. "아버지, 거기서 농사지으시는 것이 맞아요?" 아버지는 그렇다고 하셨다.

"거기에는 생명수가 있나요?"하고 물었다. 내 아버지가 계신 곳엔 조그마한 도랑과 같은 시내가 흐르고 있는데, 그 시냇물이 바로 생명수라고 하셨다. 내 육신의 아버지가 계신 곳, 농사를 짓는 그 곳에 도랑으로 생명수 물이 흐르고 있다는 것이다. 그리고 그 변두리에 사는 자들은 그 생명수를 마실 수 있다고 하셨다.

아버지는 "가서 잘해라. 네가 본 것을 다 말하여야 한다."고 하셨다.

육신의 아버지가 초가집에 살고 계셨다.[46)]

보석으로 장식된 수레를 타고 천국에 와서 주님을 뵈었다. 주님과 나는 순식간에 어디엔가 왔는데, 장독들이 보였다. 천국에도 장독들이 있나 하고 생각했다.

그 집은 초가집으로 내 육신의 아버지가 사시고 계셨다. 아버지가 혼자서 초가집에 사시는 것이 마음이 아팠다. 아버지는 젊은 모습으로 "나는 여기서 참으로 행복하단다."고 하셨다.

집에 토마토가 열려 있었다. 나는 내 아버지가 사시는 곳이 천국의 변두리가 아닌가 생각했다. 나는 천국은 천국의 중심이건, 변두리이건, 성안으로서 어찌하였건 간에 아버지는 행복해 보였다.

[필자 해설]: 필자는 서사라 목사에게 "아버지께서 이 세상에 계실 때 제일 행복하신 때가 언제였으며, 무엇을 하실 때였습니까?" 하고 물었다.

서 목사는 "아버지께서 농사짓는 일과 그 농사가 잘 되었을 때 제일 행복해 하셨으며, 행복하다고 말씀하셨습니다."라고 대답했다.

주님은 아마도 서사라 목사의 아버지가 천국에서 행복한 삶을 누리고 계신다는 것을 보여주기 위해, 아버지가 이 땅에서 살고 계실 때 제일 행복해 하신 것이 농사짓고 농사 잘되는 일이였음으로, 서 목사에게 천국에서도 아버지가 농사짓는 모습으로 보여 주신 것 같다.

서 목사의 아버지가 천국에서 살고계시는 초가집은 궁궐에서 사는 것과 같은 기쁨의 장소이리라. 아버지가 이 땅에서 제일 행복을 누린 곳이 농사지으면서 초가집에 사셨기 때문에 천국에서도 아버지가 초가집에 사는 모습은 제일 행복을 누리고 있다는 것을 딸(서 사라 목사)에게 보여 준 것이리라.

천국에 도착하여 수레에서 내리자, 주님이 구멍 뚫려 있는 손으로 서사라 목사를 도와 주셨다고 했다.[47]

동그란 방의 벤치에 다윗, 바울, 에스더, 토마스 주남(『천국은 확실히 있다』의 저자), 메리 벡스터(천국과 지옥을 본 사람), 베드로, 마리아, 세례요한, 사도 요한, 모세가 나타났다. 조그만 분수대에서 나오는 생명수를 컵으로 마실 수 있었다.

II. 지옥의 모습

(4) 지옥에서 불륜으로 인하여 가정을 파괴한 자들을 보다.[48)]

　지옥에서 두 남녀가 벌고 벗고 있는 모습이 보였다. 한 남자와 한 여자가 절벽에 매달려, 두 손을 위로 하여 묶여 있었다. 마귀의 부하들이 여자와 남자의 궁둥이를 둔탁한 매로 아주 매섭게 내리쳤다. 그들의 엉덩이에서 피가 터져 나왔다.

　한 마귀의 부하가 남자의 그것을 힘껏 잡아 당겨서 뜯어 먹고 있었다. 또 다른 마귀의 부하는 여자의 그곳에 쇠꼬챙이를 집어넣어서 쑤셨다. 마귀의 부하들은 이 짓을 계속 되풀이 하였다.

여자는 가정이 있으며 아이까지 둘 있었으며, 남자는 독신이었다. 살아 있었을 때에 가정이 깨어지게 하였던 장본인이었다.

(5) 동성애자들이 가는 지옥을 보다.[49]

천국에 올라가자마자, 수레 안이 온통 불구덩이였다. 마귀의 부하들이 킬킬거리는 웃음소리들이 들렸다. 이들은 얼굴이 마귀할망구처럼 생겼는데, 머리카락이 하나도 없었다.

키가 1m 20cm 정도로, 몸도 벌거숭이들인데, 색깔은 쥐색이다. 이들은 벌거벗은 사람들을 쇠꼬챙이에 꿰어서, 불에다가 꼭 바베큐 하듯이 사람들을 이리 돌리고 저리 돌리고 있었다.

쇠꼬챙이가 사람들의 입으로 들어가서 항문으로 나오게 줄줄이 꿰어져 있었다. 마귀의 부하들이 쇠꼬챙이 끝을 양쪽에서 돌리면서 불에다가 굽고 있었다. 쇠꼬챙이가 입으로 들어가 있기 때문에 동성애자들은 말을 못했다.

쇠꼬챙이가 입에서부터 항문으로 꿴 채로, 거기다가 불에 바베큐를 당하니 엄청난 고통 이었다.

이들은 살아 생전에 동성애를 한 남자들로서, 그들의 항문을 이용하였음으로 그들은 지옥에서 그들의 항문이 쇠꼬챙이로 꿰어져서 벌을 받는 다고 했다. 서 목사는 지상에서 동성연애를 하는 남자들이 이 지옥의 장면을 보아야 한다고 생각 했다고 한다(레 20:13; 롬 1:27; 롬 1:32).

요즘에 세계적으로 동성애자들이 자신들의 인권을 주장하고 있다. 지옥 갈 것을 자청하고 있다는 것이다. 목사들 중에도 동성애자들이 있는데, 그들은 그들이 옳다고 한다. 그러나 성경은 그들이 틀렸다고 말하고, 오히려 그들을 죽이라고 말씀하고 있다는 것이다.

서 목사는 '동성애를 하면 지옥 간다는 사실을 알게 하여 주소서' 했다

동성연애 한 여자들이 가는 지옥을 보았다.[50)]

천국에 올라가려는데, 녹색의 징그러운 뱀들이 모여, 입 안의 혀가 날름날름 하고 있었다. 뱀들의 얼굴은 주먹보다 컸다. 그러한 뱀들이 머리를 위쪽으로 향하고 엄청 우글거리는 위로 여자 나체 한 명이 뱀들의 머리 위로 뚝 떨어졌다.

뱀들이 이 여자를 감기 시작했다. 목도 감고 몸통도 감고, 목은 거의 졸려서 떨어져 나갈 정도였다. 지옥의 뱀들은 이빨이 있어서 이빨로 여자의 유방의 젖꼭지를 물어뜯었다. 여자는 "잘못했어. 잘못했어. 살려줘!" 하고 비명을 질렀다. 이 여자는 동성애자였다. 쾌락을 느낀 곳마다 뱀들이 더 물어뜯고 있었다.

또 하나의 나체 여자가 던져졌다.

마귀의 부하들이 절벽 위에서 벌거벗은 여자들을 한 명씩

아래로 던졌다. 이 지옥은 동성연애를 하는 여자들이 오는 지옥이었다(롬 1:26-27).

　서 목사는 남자든 여자든 동성연애를 하면 지옥 간다고 했다. 그 예가 바로 남색으로 유명했던 소돔과 고모라에게 하나님께서 불과 유황으로 그들을 멸하신 것을 보면 알 수 있다고 했다(창 19:24-25).

(6)　지옥에서 없는 것

　빌 비에세(Bill Wiese)는 지옥에 23분간 다녀온 후에 지옥에 없는 것을 다음과 같이 말하고 있다.[51]

　지옥에는 산소가 없다고 한다. 광야에는 습기도 없고 축축함도 없다고 한다.

　지옥에는 물도 없다고 한다. 물 한 방울이라도 절망적으로 찾았으나 물 한 방울도 없다고 한다. 강, 호수, 나무, 풀도 볼 수 없었다.

　어떤 종류의 생명도 없었다. 모두가 죽음뿐이었다.

　할 일도, 목표도, 지혜도, 문제해결을 위한 누구와의 대화도 없다 한다.

　신성종 목사는『내가 본 지옥과 천국』에서 지옥에는 목적이 존재 하지 않았다고 하고, "모든 것이 끝장난 것이다"라고 했다.[52]

　손을 굽힐 수가 없었다. 뼈만 앙상하게 말라 있었다. 무엇을 집어서 먹을 수도 없고, 무엇을 할 수도 없었다.

　언어가 통하지 않았다. 바벨탑 사건 때 언어가 통하지 않는 것처럼 갑갑해서 죽고 싶을 정도였다고 한다.

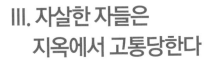

III. 자살한 자들은
지옥에서 고통당한다

(7) 서사라 목사는 자살한 목사가 지옥에 있음을 보았다.[53)]

    서사라 목사는 "주님 저에게 지옥도 더 많이 보여주세요."라고 했는데, 어느새 지옥에 와 있었다. 저쪽에 활활 타는 불이 보였고 거기서 서 목사 쪽으로 큰 뱀이 갑자기 덤벼들려고 하였다. 무장한 천사가 서 목사를 보호하여 뱀을 대적하여 넘어뜨렸다.

    서 목사는 주님께 김00목사가 보고 싶다고 했다. 김 목사는 자살했다. 우울증이 있었다고 한다. 갑자기 노란 큰 구렁이가 긴 장대를 타고 올라가는 것이 보였다. 그 장대 위에

김 목사가 매달려 있었다. 그 노란 뱀은 김 목사의 목을 칭칭 감고, 몸을 조이는데 그 압력에 김 목사는 괴로워 미칠 것 같이 보였다. 뱀들은 그의 몸을 조여서 그 몸이 터지게 하고 있었다.

김 목사는 "내가 여기를 올 줄 몰랐어, 내가 하나님의 말씀을 다른 사람들에게 설교하고 가르쳤는데 내가 왜 여기 와 있냐?"고 했다. 그는 계속 조여 오는 뱀들로 인하여 매우 괴로워하고 있었다. 서 목사는 지금 자살한 자들이 와 있는 지옥에 와 있었다고 했다.

나와 같이 얼굴이 쭈글쭈글한 천사가 터널 뚜껑을 열고 밑으로 내려 갔다. 아주 깊은 곳에 있는 바닥에 물이 조금 흐르는 듯하더니, 그 위에 두 녹청색의 큰 구렁이가 보였다. 저쪽에 아주 높은 장대들이 서 있었고, 장대마다 한 사람씩 매달려 있었다. 이들 각각은 큰 구렁이들에 의하여 감겨 있는 것이 보였다.

서 목사는 여기는 자살한 여자들이 오는 지옥임을 알았다.[54]

여러 많은 장대들이 나선형으로 쭉 서 있었고, 수십 개는 되는 것 같았다. 이렇게 일렬로 뻗어 있는 것이 셀 수 없이 평행으로 계속되고 있었다. 이곳은 한없이 넓으며, 수 없이 많은 자살자들이 와 있는 지옥이다.

그들은 높은 장대에 하나씩 매달려 녹청색 구렁이들이 장대를 타고 올라와 그들을 심하게 압박하여 살이 터지고 창자들도 나오게 하였다. 주님은 서 목사에게 자살한 자들이 가는 지옥을 보여주신 것이다.

(8) 신성종 목사는 지옥에서 자살한 자들을 보았다.[55]

신성종 목사는 『내가 본 지옥과 천국』에서 자살한 자들에 관해 기록하고 있다. 지옥 3층 남관에는 구약의 가인과 수많은 살인자들과 스스로 안락사를 한 이스라엘의 초대 왕 사울과 다른 많은 자살자들이 함께 있었다.

세상에서 자살을 찬양해서 많은 사람들을 죽게 한 자살 찬양론자들, 자살을 도와준 사람들, 컴퓨터에 자살 사이트를 만들어 많은 사람들을 자살하도록 유혹한 자들의 모습도 보였다.

천사장은 음성으로 신성종 목사에게 자살이 죄가 됨을 설명했다. "생명(生命)이란 말은 생(生)은 명(命)이란 뜻인데 생명을 마치 개인의 소유물인 것처럼 행동했기 때문이라네." "그러면 왜 자살자와 살인자가 함께 있습니까? 그들은 엄연히 범주가 다르지 않습니까?" "둘 다 생명의 주인이신 하나님께 도전을 했기 때문이라네. 대상만 달랐지 꼭 같은 의도를 가진 사람들이지. 살인자는 다른 사람의 생명을 끊었고, 자살자는 자신의 생명을 끊었으니 무엇이 다른가?" 지옥의 한 구석에는 안락사를 도와준 의사와 간호사들이 나란히 묶인 채 있었다.

신성종 목사는 생명은 오직 주인이신 하나님만이 손을 댈 수 있다는 사실을 다시 한 번 확인했다고 했다.

자살자들은 지옥에서 그냥 있는 것이 아니었다. 하루 종일 칼로 자신의 목과 가슴을 계속 찌르면서 스스로 괴롭히고 있었다. 온 몸이 피로 적셔져 있는 것을 볼 수 있었다. 살인 자들은 죽임을 당한 자와 그 가족들로부터 저주를 받으며 구더기가 많은 호수 속에 빠져 허우적거리고 있었다. 발은 쇠 사슬로 묶여 있어 움직이지도 못하고 있었다. 이곳에 갇혀 있는 자들은 하루 종일 피를 마시며 피로 몸을 문지르고 피비린내를 맡고 있었다.

세계적으로 생명을 경시하고 인권을 유린한 사람들이 낚시에 코를 꿰인 채로 매달려 있었다. 정치가들과 가짜 약을 만들어 판 의료 상인들도 있었다. 인체에 해로운 음식을 만든 사람들과 산업 쓰레기를 함부로 버린 악덕 CEO들이 자기가 만든 제품들로 인해 얼굴이 파랗게 변해 있었다.

지옥에서 당하는 모든 고통은 다 자기가 한 것에 비례해서 여러 가지 형벌을 받고 있다는 것이다. 직접 살인자나 간접 살인자나 다 같은 범주에 속한 다는 것이다. 다만 방법이 다를 뿐이라는 것이다.

(9) 이탈리아의 서사시인 단테가 지옥에서 본 자살한 자들

이탈리아의 서사시인 단테 알리기에리(Dante Alighieri, 1265-1321)는 『신곡』(Divine Comedy)의 지옥 편(Inferno)에서 자살한 자들에 관해 쓰고 있다.

단테는 버질(Virgil, 70-19 B.C., 로마 제국의 시인)의 안내로 지옥의 9옥중에서 제7옥의 제2원으로 들어갔다.

단테와 버질은 길이 없는 숲속으로 들어갔다. 이 숲에는 나무들이 이상한 검은 색깔의 나뭇잎들과 기형의 가지들과 과일 대신에 독 있는 막대기가 달려있었다.

음울한 분위기의 숲속에는 하아피이들(Harpies)의 은신처가 있었다. 하아피이는 얼굴과 상반신은 추한 여자요, 날개와 꼬리와 날카로운 발톱과 불룩한 배는 새의 몸뚱이를 가진 가증하게 소름끼치는 괴물이다.

하아피이는 죽은 사람의 영혼을 잽싸게 가로채어 나르는 일을 한다. 단테는 여기저기서 애처롭게 울부짖는 탄식소리를 들었으나, 그 소리가 어디에서 들려오는지를 알 수가 없었다. 영혼들은 나무들 사이에 숨어서 소리를 지르고 있었다.

버질은 단테에게 가시나무 가지를 꺾어 보면 알게 될 것이라고 했다. 단테는 큰 가시나무에서 작은 가지하나를 꺾었다. 그 가지는 거무죽죽한 피를 흘리면서 "왜 나를 꺾느냐?"고 묻고는, "당신에게는 조금의 연민의 정도 없소? 지금은 나무로 변해 있지만 우리도 본래는 사람이란 말이요." 라고 했다. 단테는 가지를 땅에 떨어뜨리고 질겁하여 멍하니 서 있었다.

그 영혼은 로마 황제 프레데릭 2세의 충실한 신하였다. 그러나 궁중의 다른 사람들의 질투로 부당하게 무고를 당하여 황제 프레데릭의 신임을 상실하게 되었다는 것이다. 그는 부당하게 비난받았기에 죽으면 멸시에서 벗어날 수 있으리라 생각하고 정의로운 자신이 정의롭지 못하게 자살을 했다는 것이다. 그 영혼은 자신이 이런 옹이 투성의 비뚤어진 나무둥치 속에 갇히게 되었는지 설명해 주었다.

격한 영혼이 자살하여 육체에서 떠나면 미노스(Minos, 그리스 신화의 미노스 왕)가 그 영혼을 지옥의 제7제 원으로 보낸다는 것이다. 보내진 곳에서 새순이 돋아나고 야생의 큰 나무가 되면, 하아피이가 그 잎사귀를 쪼아 먹어 고통에다 고통을 더해 준다는 것이다. 최후의 심판 날에 아무도 스스로 거부한 몸을 다시 회복할 수 없다고 했다. 그래서 이 이상한 숲속에 망자의 가시나무 속에 영원히 잡혀 있게 된다고 했다.

버질과 단테는 가시나무 숲을 통해 괴성과 짐승의 울음소리를 들었다. 두 명의 망자들(영혼들)이 땅에 구르다시피 도망쳤다. 그들은 나체로 상처투성이가 되어 미친 듯이 가시나무 잔가지들을 모조리 꺾어대면서 수풀 속으로 뛰어 도망치다 쓰러졌다. 피에 굶주린 검은 암캐들이 떼를 지어 달려와서 땅에 웅크린 자들에게 달려들어 그 몸뚱이들을 갈기갈기 물어뜯었다. 버질은 망자 중의 한 사람에게 그가 누구인지를 물었다. 그는 자기 집에서 목매어 자살한 플로렌스의 시민이라고 했다.

이 숲에서 가시나무가 고정되어 있는 것은 자살자의 영혼이 아무리 버둥거려도 벗어날 수 없다는 것을 나타낸다. 거무죽죽한 잎과 굽은 나뭇가지와 옹이 투성이의 비뚤어진 나무둥치는 바르게 자라지 못한 정신을 상징한다.

세상에서 자신의 육신을 스스로 죽이는 행위를 한 자(자살한 자)는 지옥에서도 인간의 형태를 **빼앗겨** 버린 것이다. 자살자는 자신의 몸에 모욕 행위를 가했기 때문에 인간의 형태와 닮은 모양까지도 박탈당하여 이상한 나무 둥치 모양이 된 것이다.

그들(자살한 자들)은 생명을 거부했기 때문에 죽어 시들어버린 메마름의 상태로 박혀 있는 것이다. 자살자들은 자신의 의지로 목숨을 거두었기 때문에 그들은 영혼은 죽음 상태의 영혼인 것이다. 심판 날에 자살자들도 다른 망자들(영혼들)과 마찬가지로 일어나서 자신들의 육체를 요구할 것이나, 다시 결코 그 육체를 입지 못할 것이다. 그들의 육체는 나무로 머물러 있을 것이고, 그 나무는 그들 자신들의 영혼들을 에워싸고 있을 것이다.

[필자 해설]: **서사라 목사는 자살한 자는 장대 위에 매달려 있고, 노란 큰 구렁이가 자살한 자의 목을 칭칭 감고, 몸을 조여서 그 몸이 터지게 하고 있다고 한다.**

신성종 목사는 자살자는 하루 종일 칼로 자신의 목과 가슴을 계속 찌르면서, 구더기가 많은 호수 속에 빠져 허우적거리며, 발은 쇠사슬로 묶여 있어서 움직이지도 못하고, 하루 종일 피를 마시며 피로 몸을 문지르고 피 비린내를 맡고 있었다고 했다.

단테는 자살자는 자신의 몸에 모욕 행위를 가했기 때문에 인간의 형태와 닮은 모양까지도 박탈당하여 옹이 투성의 비뚤어진 가시나무가 되어서 영원히 메마름의 상태로 그 자리에 박혀 있어야 한다고 했다.

IV. 성경해석에 관한 간증

(10) 서사라 목사는 지옥에서 유명한 종교 개혁가를 보았다.[56]

완전 무장한 두 천사와 서사라 목사는 지
옥으로 가는 터널로 내려갔다. 한참을 내려갔
는데 많은 쇠창살이 보이고 모두가 다 목에다
가 큰 나무를 채우고 있었다고 했다. 많은 쇠
창살이 보이고 모두가 목에 큰 나무를 채우고
있었다. 그 중에 특별히 유명한 종교 개혁가
가 있는 것을 보았다. 그는 욕하고 저주하고
있었다. 그의 뒤로 활활 타오르는 불덩이가
보였다.

이제 그는 마귀의 부하들에 의해 두 손이
묶여 끌려가는 것이 보였는데, 그것은 불에

고통당하도록 하기 위해서였다. 유명한 종교 개혁가 그는 더 저주하였다. 그 입에서 나오는 말이 더 저주스러웠다.

주님께 그 유명한 종교 개혁가를 보고 싶다고 했더니, 유명한 종교 개혁가는 머리가 헝클어진 채로 길고 큰 나무판대기를 목에 걸고 앉아서 소리를 지르고 있는 모습이 보였다.[57] "이놈들아! 이놈들아! 이것 안 치워? 나를 왜 여기다가 두는 거야? 나를 꺼내줘..." 그는 이를 뿌드득 갈고 있었다. 서 목사는 더 이상 보기를 원치 않았다고 한다.[58]

서사라 목사는 많은 장로교 사람들이 깨어나기를 원한다고 했다. 왜냐하면 장로교에서 거의 신처럼 받들고 있는 유명한 종교 개혁가는 천국에서 볼 수 없었으며, 지옥에 있는 것을 보았기 때문이다.[59]

서 목사는 주님께 그 유명한 종교 개혁가가 지옥에 가 있는 이유를 물었다. "그는 내가 한 말보다 자기 생각을 더 믿었단다. 한 번 구원받으면 영원한 것이라고 믿었지... 내가 한 말을 그대로 믿지 않았지... 그는 내 말보다 사도 바울이나 다른 사람들의 말을 더 믿었지..."

많은 사람들이 주님이 하신 말씀과 다른 사도들이 한 말을 동일한 비중을 두고서 신학적인 교리를 세웠으니 그것이 문제라고 하신다. 하나님의 말씀은 천지를 창조하신 말씀인데 말이다. 사람의 말과 하나님의 말씀을 동일한 비중으로 두는 것이 문제라고 하셨다.

이 유명한 종교 개혁가에 의하면, 예정론과 또한 예수님의 제한된 속죄 즉 선택받은 자들만을 위해서 죽으셨다는 것

그리고 한번 구원은 영원한 구원인 것으로 주장하는 것은 참으로 성경에서 말하는 주님이 말씀하시는 것과는 거리가 멀다고 했다. 성경을 잘 보면 칼빈주의도 아르미안주의도 잘 맞지 않다고 하고, 그러나 천국에서 주님은 이 종교 개혁가의 사상보다 주님 자신이 하신 말씀을 더 믿으라고 하시고, 산상수훈의 중요성을 다시 한 번 강조하셨다.[60]

서사라 목사는 천국 입구에서 주님께 그 유명한 종교 개혁가를 다시 보여 달라고 했다.[61] 마귀의 부하들이 그를 목에 채웠던 무거운 나무를 치우고, 그를 위하여 만들어 놓은 불구덩이에 그를 집어넣는 것이었다. 그 유명한 종교 개혁가는 그 불속에서 외치고 괴로워했다고 한다.

[필자 해설]: 서사라 목사는 "Once saved, always saved.(한번 받은 구원은 영원히 구원 받는 것)"이란 신학 논쟁을 말하고 있다.

칼빈의 5개항은 "TULIP"사상이라 한다. 알미니안의 5개항은 칼빈의 5개항과 대조적이다. 칼빈주의(Calvinism) 5개항과 이에 반대되는 아르미안주의(Arminianism) 5개항은 다음과 같다. 필자가 간단히 설명하고자 한다.

(11) 칼빈주의(Calvinism) 5개항: "TULIP" 사상

존 칼빈(John Calvin, 1509-1564, 프랑스의 종교개혁

자)은 『기독교 강요』에서 칼빈주의 5개항 "TULIP"사상을 나타내고 있다.

① Total Depravity(전적인 타락) → 원죄사상(original sin):

인간은 전적으로 타락하였음으로 인간은 자신을 구원할 수 없다. 아담이 타락함으로써 모든 인간은 원죄를 타고 난다. 인간의 마음은 기만으로 가득 차고 절망적으로 부패되어 있다. 그러기에 영적 영역에서 악을 이기고 선을 선택할 수 없다. 믿음은 죄인에게 주시는 하나님의 선물이지 죄인이 하나님께 주는 선물이 아니다.

② Unconditional Election(foreordained) (조건적 구원) → Predestination (예정론):

하나님의 인간 구원에 대한 선택은 창조 이전에 하나님 자신의 절대 주권적인 뜻에 의해 이루어졌다고 한다(예정예정론과 예지예정론). 하나님은 자신이 선택한 개인에게 믿음을 주시고 회개하도록 하신다. 죄인의 행동은 하나님의 선택의 결과이지 원인이 아니다. 그래서 죄인이 그리스도를 선택한 것이 아니라 하나님이 죄인을 선택한 것이 궁극적인 구원의 동기가 된다.

③ Limited Atonement(제한된 구속) 혹은 Particular Redemption(특별한 속량):

그리스도의 구속 사역은 선택된 자들만을 구원하시기 위함이며, 예수 그리스도의 죽음은 특정된 죄인들을 대신해서 형벌을 받으신 것이다. 그 믿음은 그들을 그리스도와 연합하게 하는 것을 포함한다. 하나님은 자신이 주권으로 선택한 사람들을 성령의 권능을 통해서 그리스도를 기꺼이 받아드리도록 인도하신다. 그러기에 죄인이 그리스도를 선택한 것이 아니라, 하나님이 죄인을 선택한 것이 궁극적인 구원의 동기가 된다.

④ Irresistible Grace(저항할 수 없는 은총) or The Efficacious Call of the Spirit(성령의 효과적인 부름):

복음을 듣는 모든 사람에게 주어진 구원에로의 외형적 일반적 부름에 더하여, 성령은 선택된 자들에게 특별한 내적 부름을 베푸신다. 복음을 듣고 특별한 부름은 선택된 자를 필연적으로 구원으로 인도한다. 선택된 자에게만 주어지는 내적 부름은 거부할 수 없다. 이 특별한 부름으로 성령은 죄인들을 저항할 수 없게 그리스도에게로 인도한다. 그래서 하나님의 은총은 절대적이다. 그 은총은 결코 은총을 받은 자들의 구원을 이루는데 실패함이 없다.

⑤ Perseverance of the Saints(성도의 인내):

하나님으로 인해 선택되고, 그리스도로 인해 구속되고, 성령으로 인해 믿음이 주어진 모든 사람들은 영원히 구원된다. 그들은 전능하신 하나님의 권능으로 믿음이 지켜지게 되고, 그래서 끝까지 견디게 된다.

칼빈주의에 의하면, 구원은 삼위일체 하나님의 전능하신 권능에 의해 성취된다. 아버지 하나님이 사람들을 선택하시고, 아들이 그들을 위해 죽으시고, 성령이 선택된 자들을 믿음과 회개에 이르게 하고 복음에 기꺼이 순종하도록 함으로서 그리스도의 죽음을 효력 있게 하신다.

모든 과정(선택, 구속, 거듭남)은 하나님의 역사이며 은총만으로 되어 진다. 그래서 하나님께서, 인간이 아니라, 누가 구원의 선물을 받는 자가 될 것인가를 결정한다.

도르트(Synod of Dort, 1618 - 1619) 공회에서 재확인 받다: 이 신학 체계는 구원의 교리가 성경에 포함되어 있음으로 1619년 도르트 공회에서 재확인되었다. 이 체계는 그 당시 5개 항목으로 구성되었는데 (알미안들로 인해 제출된 5개 항목에 답하여), 그 이래로 이 체계는 "칼빈주의 5개항"이라 알려졌다.

(12) 아르미안주의(Arminianism) 5개항 사상

네덜란드 신학자 아르미니우스(Jacobus Arminius, 1560-1609)는 칼빈주의와 대조되는 5개항목의 신학 사상을 나타내고 있다.

① Free Will or Human Ability(자유의지, 혹은 인간의 능력):

인간 성품의 타락으로 인해 중대한 영향을 받았으나 전적으로 무기력한 상태는 아니다. 각 죄인은 자유의지를 가지고 있으며, 영원한 운명은 자유의지의 사용에 달렸다. 인간은 악을 이기고 선을 선택할 능력을 가지고 있다. 죄인은 하나님의 영에 협조를 하여 재생될 수 있든지, 아니면 하나님의 은총을 저항하여 멸망할 수 있다. 믿음은 하나님께 드리는 죄인의 선물이며 구원에 이르는 인간의 공헌이다.

② Conditional Election(조건적인 선택)→예지예정론 (foreknowledge):

하나님의 인간 구원에 대한 선택은 창조 이전에 그의 부름에 응할 것이라는 예견에 바탕을 두고 있다. 하나님은 어떤 인간들이 자유의사로 복음을 믿을 것을 알고 계시는데, 그 믿는 자들만을 선택하신다. 선택은 인간의 의지의 행동에 따라서 조건 되어지고 결정되어진다. 하나님이 죄인을 선택하는 것이 아니라, 죄인이 그리스도를 선택하는 것이다.

③ General Atonement(일반적 구속) or Universal Redemption(보편적 구속):

그리스도의 구속 사역은 모든 사람이 구원받을 수 있도록 했다. 그러나 실제로 어떤 특정인만의 구원을 획득한 것은 아니다. 비록 그리스도가 모든 사람들과 각 개인을 위해 죽으셨지만, 그를 믿는 자들만이 구원된다. 예수의 죽음은 죄인들이 믿는다는 것을 조건으로 하여 하나님으로 하여금 죄인들을 용서하시게 한다.

④ The Holy Spirit Can Be Effectually Resisted(성령의 역사를 효과적으로 저항할 수 있다):

성령은 복음의 초대로 인해 외적으로 부름을 받은 모든 사람들을 내적으로 부르신다. 그러나 인간은 자유로운 존재임으로 성령의 부름에 저항할 수 있다. (인간의 공헌인) 믿음이 우선하고 그리고 거듭남을 가능케 한다. 성령은 역사하도록 받아들이는 사람들을 예수 그리스도에게로 인도할 수 있다. 죄인이 반응하기 전에는 성령은 생명을 줄 수 없다. 때문에 하나님의 은총은 절대적이 아니며, 인간이 그 은총을 저항할 수도 있고 가끔 훼방할 수도 있다.

⑤ Falling from Grace(은총으로부터 떨어짐):

믿고 구원을 받았다는 사람들도 그들의 구원을 잃어버릴 수 있다. 모든 알미니안들은 이 점에 있어서 동의하지 않고 있다. 어떤 이들은 믿는 자들은 영원히 예수 그리스도 안에서 안전하다는 생각을 갖고 있다. 즉 한번 죄인이 거듭나게 되면 결코 잃은 자가 될 수 없다는 것이다.

알미니안주의에 의하면, 구원은 하나님(주도권을 행사하시는)과 인간(응답하는)의 연합된 노력을 통해서 성취된다. 인간의 반응이 결정하는 요소가 된다. 하나님이 모든 사람을 위해서 구원을 주셨다. 그러나 하나님의 구원 행위는 인간들 자신의 자유의지로 하나님이 주신 은총을 받아들인 사람들을 위해서만 효과가 있다. 중요한 점은 인간의 의지가 결정적인 역할을 한다.

돌트 공회에서 거부되다. 이것은 "Remonstrance(진정서)"안에 포함된 사상 체계이다. 비록 "5개 항목"은 원래 이 순서로 나열 된 것은 아니지만, 이 "진정서"는 알미니안들로 인해 1610년 홀란드 교회에 채택되도록 제출되었으나, 이 체계는 비 성서적이란 이유로 1612년 도르트 공회에 의해 거부되었다.

(13) 펠라기우스와 어거스틴의 논쟁:

펠라기우스(Pelagius, c 360-418 AD, 영국)와 어거스틴(Augustine, 354-430, 북아프리카) 사이의 서로 다른 두 체계의 근본적인 개념은 도르트 공회보다 훨씬 오래된 것이다.

예정론/자유의지론은 칼빈(John Calvin)/알미니우스(James Arminius)가 시작한 것이 아니다. 칼빈주의

(Calvinism)의 기본 교리는 5세기에 펠라기우스(Pelagius)에 반대해서 어거스틴(Augustine)으로 인해 방어되었다.

펠라기우스는 인간성은 죄로 인해 부패되었다는 것을 부정했다. 아담의 범죄 결과로 인류가 고통을 당한 유일한 나쁜 영향은 아담이 인류를 위해 나쁜 예를 보여주었다는 것이다. 펠라기우스에 의하면, 모든 유아는 아담이 타락하기 전과 같은 상태로 세상에 태어난다는 것이다. 그의 주된 원리는 인간의 의지는 절대적으로 자유라는 것이다. 그러기 때문에 모든 인간은 자신 가운데 하나님의 법을 완전히 준수하는 것과 마찬가지로 복음을 믿을 힘을 가지고 있다는 것이다.

이와는 달리 어거스틴은 인간성은 아담의 전락으로 인해 너무나 완전히 부패했음으로 아무도 자신 가운데 율법이나 복음을 순종할 능력을 갖고 있지 않다는 것이다. 죄인들이 믿게 되고 구원을 받으려면 하나님의 은총은 필수적이다. 그리고 그 은총은 하나님께서 창세전에 영원한 생명으로 예정하신 사람들에게만 주어진다는 것이다. 그래서 믿음의 행동은 죄인의 자유의지로부터가 아니라 택함 받은 자에게만 주어지게 되는 하나님의 자유로운 은총의 결과로 온 것이라는 것이다.

펠라기우스는 카르타고 공의회(the Council of Carthage)(418)에서 이단으로 정죄되었다. 그의 사상을 펠라기우스주의(Pelagianism)라고 한다.

서사라 목사는 칼빈주의와 아르미안주의로 논쟁하기보다 성경 말씀을 더 중요시해야 한다는 것이다.

(14) 왜 하나님은 인간을
죄를 지을 수 있는 존재로 창조하셨나?

서사라 목사는 왜 하나님은 인간을 하나님처럼 완벽하게 짓지 않으시고 죄를 지을 수 있는 불완전한 존재로 지었느냐를 질문했다.[62]

이사야는 오직 완전한 존재는 하나님 한 분밖에 없다고 했다. 메시아이신 예수님이 오셔서 우리를 구원하여서 그분과 함께 영원히 살게 할 목적이란 말인가? 하나님은 그들(아담과 하와)이 죄를 지을 것을 이미 알고 계셨다는 것이다. 서사라 목사는 그러면 아담과 하와가 죄를 짓는 것이 더 좋았느냐고 물었다고 한다.

(15) 펠릭스 쿨파(felix culpa) 사상

서사라 목사는 "펠릭스 쿨파(Felix Culpa)" 사상을 말하고 있다.

라틴어 "felix"는 행복(happy), 운 좋은(lucky), 혹은 축복된(blessed), 이란 뜻이고, "culpa"는 "과오, 잘못(fault)" 혹은 "전락(fall)"이란 뜻이다. "Felix Culpa"는 "행복한 과오

(happy fault), 다행스런 전락(fortunate fall)"이란 뜻이다.

라틴어 "felix culpa"는 기독교 초기 교부 어거스틴(Augustine, 성(聖)아우구스티누스, 354-430)이 원죄의 근원인 인간의 전락(타락)을 취급하면서 사용한 단어이다. 어거스틴은 "하나님은 어떤 악이 존재하기를 허락하시지 않는 것보다 악으로부터 선(善)을 가져오게 하는 것이 더 좋다고 판결하셨다."라고 했다.[63]

중세 이탈리아의 가톨릭 신학자 토마스 아퀴나스(Thomas Aquinas, 1225-1274)는 어거스틴의 말을 인용하여, "하나님은 악으로부터 더 위대한 선을 가져 오시도록 하기 위해서 악이 일어나도록 허락하신다."는 원리를 설명했다.[64]

아퀴나스는 원죄와 거룩한 구세주의 성육신(Incarnation) 사이의 인과 관계를 설파한 것이다.

존 밀턴(John Milton)은 『실낙원』(Paradise Lost)에서 "felix culpa" 사상을 인용하여 아담의 전락(fall) 때문에 예수님의 구원의 역사가 이루어졌다는 역설적인 진리를 말하고 있다.

아 무한한 선, 끝없는 선!
이 모든 선을 악에서 나게 하고
악을 변화시켜 선으로 만들다니, 창조로써
비로소 어둠에서 빛을 가져옴보다
더욱 놀랍도다.[65]

O goodness infinite, Goodness immense!
That all this good of evil shall produce,
And evil turn to good; more wonderful
Than that which creation first brought forth
Light out of Darkness

신학적으로 "Felix Culpa"는 인간의 전락(타락) 때문에 예수 그리스도의 십자가에서의 고난과 죽으심과 부활을 통한 인류 구원의 역사가 이루어졌다는 긍정적인 결과로 이해하려는 것이다. 인간의 죄가 예수님의 구속사역으로 아이러닉하게도 오히려 다행스런 결과를 가져왔다는 사상이다.

(16) 왜 하와가 남편인 아담을 선악과를 먹도록 충동했나?

서사라 목사는 하와가 혼자 죽는 것이 두려웠던 것이라고 했다. 혼자 죽을 수 없다고 생각하고 감언이설로 유혹했다는 것이다. [66]

John Milton은 『실낙원』에서 하와가 아담으로 하여금 선악과를 먹고 죽게 한 이유는 심리적으로 질투 때문이라고 흥미롭게 묘사하고 있다. 하와는 자신의 범죄 한 사실을 아담에게 말해 준 뒤, 하와 자신만 죄의 대가를 치를까 하고 궁리를 해본다.

그러나 하와는 문득 자기가 죽고 난 다음 어떤 일이 벌어질까를 생각하다가 전율하며 말한다. "죽음이 닥쳐오면 어쩌나? 그땐 나는 없고 아담은 다른 하와와 결혼하여 그녀와 즐겁게 살겠지. 나는 사라지고, 생각만 해도 죽음이다!"

하와는 자신이 죽은 뒤 사랑하는 아담이 다른 여자(아직 갈빗대가 남았으니)와 산다는 생각을 하니 그녀는 참을 수 없는 질투심에 사로잡히게 된다. 하와는 아담을 사랑하기 때문에 아담과 함께 죽어야겠다고 생각하여 아담을 범죄에 동참시킬 것을 결심한다. 하와는 사랑보다 더 강한 여인의 질투심 때문에, 사랑하는 아담을 죽음으로 몰고 가는 묘한 심리적인 갈등이 묘사되고 있다.

서사라 목사는 하와가 혼자 죽는 것이 두려워서, 그러나 밀턴은 하와가 질투로 아담도 같이 죽게 했다는 것이다.

(17) 서사라 목사는
아담과 하와를 지옥에서 보았다.⁶⁷⁾

4명의 무장한 천사들과 나(서사라 목사)는 어떤 터널로 내려갔는데 캄캄한 터널의 벽은 박쥐가 썩어서 나는 것 같은 퀴퀴한 냄새로 범벅이 되어 있었다.

터널이 확 뚫린 것 같은 넓은 공간 앞쪽에 깊은 불 못이 있었다. 그 불 못 안에 사람들이 벌거벗은 채로 크게 소리치며 고통당하고 있었다. 그 불 못 속에는 아담과 하와가 없다는 것이 그냥 알려졌다.

더 안쪽으로 들어가니 연못 주위로 큰 삼각형의 넓은 지대가 있었다. 거기에는 쇠창살들이 쭉 놓여 있었고 쇠창살은 녹이 슬어 보였다. 불 연못 가장 가까이 있는 쇠창살 안에 두 영혼이 같이 있었는데, 그 영혼들은 뼈만 남아 있었고 눈도 없이 구멍만 뚫려 있었다. 그들은 아담과 하와로서, 불 못에서 타다가, 쇠창살 안에 넣어졌다고 했다.

서 목사는 아담을 보고 "왜 여기 와 있냐?"고 물었다. 우리가 하나님의 말씀을 들었어야 했는데, 뱀의 말을 들었다고 했다. 아담은 여기는 하나님의 말씀보다 뱀의 말을 듣고 산 자들이 온다고 했다.

서 목사와 주님은 천국의 벤치에 앉아서 대화를 나누었다. 눈물이 서 목사의 눈에서 글썽이고 있었다. 아담과 하와 때문이었다. 서 목사는 충격을 받았다. 주님도 벌써 눈에 눈물이 고였다. 성경에 아담과 하와는 선악과를 따 먹은 후에 하나님을 믿었다는 말도 회개 했다는 말도 없기에 지옥에 가 있다는 것이다.

서 목사는 하나님께서 동물을 죽여서 아담 하와에게 가죽 옷을 입힌 것은 하나님의 일반 은총에 속하는 것이라 보는 것이 맞지 않느냐고 했다.

고린도전서 15:22에서 "아담 안에서 모든 사람이 죽은 것 같이 그리스도 안에서 모든 사람이 삶을 얻으리라"는 말씀에서 보는 것처럼, 아담 한 사람으로 인하여 죄가 이 세상에 들어오고, 그리고 아담 때문에 그 후손이 영적으로 다 죽게 된 것이 얼마나 큰 죄인지 알게 하여 주셨다고 했다.

서 목사는 주님께 지옥에 있는 아담과 하와와 대화를 하고 싶다고 했다. 칼을 찬 4명의 천사들과 함께 아담 하와가 있는 지옥으로 내려갔다. 아담과 하와는 첫 번째 쇠창살 방에 있었다. 이들은 아주 오래 된 것 같았고 눈은 아예 없고 뼈만 남아있어 형체를 알아 볼 수 없었다.

하와가 "저게 또 왔네, 저게 구경하러 왔지?"하고 역겨운 소리를 했다. 그래도 아담은 말하는 것이 좀 부드러웠다.

엘우드 스코트는(Elwood Scott)는 [파라다이스 방문기]에에서 아담과 하와는 천국에 있다고 한다. [68)

부드러웠다. 보헤몬드(Bohemond)와 나는 고대 사람들이 타는 수레에 올라 자리를 잡았다. 우리가 탄 수레에는 이 땅에서 살았던 제일 첫 세대들에 속한 분들이 타고 있는 것을 발견했다. 우리는 선택받은 인류의 첫 조상인 아담과 하와에게 소개되었다. 우리가 현재 눈앞에 인류 초기의 분들과 나란히 앉아 있다는 생각을 하니 이상하게 여겨졌다. 아벨과 에녹과 므두셀라도 그 수레 안에 있었다.

나는 아벨에게 말을 걸었다. "아 그대는, 태어난 경험을 하지 못한 분들에게서 멘 처음 태어난 아들이군요!" 이 때 옆 자리에서 우리의 대화에 귀를 기울이고 있던 아담이 대답했다. "그렇다. 우리는 태어난 것이 아니라 창조되었던 것이다. 나는 분명히 기억하고 있다. 내가 처음 눈을 뜨니, 내 주변에 창조를 보았다. 나는 아무 것도 몰랐다 전연 몰랐다. 나는 산들바람을 느꼈다. 나무 가지가 흔들리는 것을 보았으며, 새들의 아름다운 노래 소리와 소의 울음소리를 들었다. 하나님께서 식별력이 있도록 먹을 수 있는 나무들의 과일에 대해 말씀하셨다. 나는 재빨리 배고픔과 목마름을 해소하는 방법을 배웠다.

그러나 동산의 모든 피조물 가운데 사람이라곤 없었기 때문에, 짝을 그리워하였다. 하나님께서 나를 돕는 배필로서 이 여인을 주셨다. 나는 그녀가 내 뼈중의 뼈요, 살 중의 살이라는 것을 발견하고, 그 이후로 그녀를 사랑해왔다.

아담의 말을 들은 하와는 얼굴을 붉히면서 미소 지으면서 "우리의 구애는 간단했어요. 나 외에 다른 여자가 없었기 때문에. 그러나 우린 삶의 교훈되는 이야기를 배웠지요. 우리 뒤에 오는 모든 세계가 우리가 한 것들을 반복하고 있어요." 라고 했다.

셋과 노아도, 사라와 리브가, 그두라와 라헬, 에브라임과 므낫세, 사무엘과 아론, 야곱도 함께 있었다. 갈렙과 여호수아는 앞에서 수레를 모는 자를 돕고 있었다. 그들은 어떻게 800세 또는 900세까지 살았는가를 이야기하고 있었다.

그들은 아담과 친애하는 형제 된 너희에게 오랜 옛날의 경험들을 들려주실 것이라고 하고, 어머니로서 존경받는 하와를 소개시켜 주었다. 우리는 아담과 하와에게 그 옛날에 경험하신 바를 들려 달라고 했다. 아담과 하와는 에덴동산의 아름다움과 만물이 완전한 기쁨으로 충만해 있었음을 이야기 했다.

아담과 하와가 범죄 한 후 천사가 채찍을 휘둘러 그들을 내쫓았다고 했다. 하나님은 아담과 하와에게 자비와 친절을 베푸신 것도 이야기 하면서 자기들에게 죄 사함을 주시기 위해 피 흘림의 가죽 옷을 입혀주신 이야기도 했다.

아담은 "하나님께서는 사죄의 조건을 설명해 주셔서 잘 알게 되었는데, 그것은 하나의 제물이었다. 우리는 자녀들에게 그것을 가르쳤다. 가인도 아벨이 한 것처럼 충분이 잘 알고 있었는데, 가인은 속죄 제물에 관한 설명을 아예 믿지 않은 것이다."라고 했다.

나는 다시 아담과 하와에게 질문했다. "동산에서 추방되신 후 옛 죄의 결과는 어떻게 되었습니까?" 아담은 "그 이야기라면 일천 번도 더 했다. 그래도 너에게 기쁜 일이라면 또 얘기해 줄 수도 있느니라."고 했다.

[필자 해설]: 서사라 목사는 아담과 하와가 지옥에 있다고 했는데, 서목사의 간증과는 달리 엘우드 스코트(Elwood Scott)는 아담과 하아가 아벨과 에녹과 므두셀라와 함께 있었으며, 셋과 노아도, 사라와 리브가, 그두라와 라헬, 에브라임과 므낫세, 사무엘과 아론, 야곱도 함께 있었다고 했다.

(18) 서사라 목사는 믿음의 조상 아브라함과 이삭을 만났다.[69]

서사라 목사는 아침 8:20분에 예수님과 함께 수레를 타고 순식간에 천국으로 올라갔다.

아브라함의 집으로 갔다. 사라도 있었고 이삭도 왔다. 우리 모두 5명은 원탁 모양의 아름다운 식탁에 앉아서 붉은 주스를 마셨다

아브라함에게 하나님의 약속을 믿고 고민도 없이 그렇게 아들 이삭을 바칠 수 있었는가에 대해서 물었다. 아브라함은 하나님의 말씀은 반드시 이루어진다는 확실한 믿음을 가졌다고 했다.

서 목사는 자기 포기란 바로 아브라함이 이삭을 번제 단에 바칠 때의 아브라함의 마음가짐의 태도라는 것을 깨달았다고 했다. 아브라함이 자기 생명보다 귀중한 이삭을 하나님께 바치는 마음이 바로 자기 포기의 마음이었다고 했다

[필자 해설]: 서사라 목사의 아브라함의 자기 포기 사상의 이해는 바로 덴마크의 실존주의 철학자 쇠렌 키르케고르(Sören Kierkegaard, 1813-1855)의 기독교적 실존주의 사상을 말하고 있다.

키르케고르의 기독교적 실존주의는 3단계의 실존주의로서, 첫 단계는 미적 실존이며, 둘째 단계는 윤리적 실존이고, 최종 단계가 종교적 혹은 기독교적 실존이다.

미적 실존주의(Aesthetic Existentialism): 인생의 모든 쾌락을 향락하려는 태도이다. 향락주의자는 외면적 쾌락의 노예가 된 생활을 하는 태도이다. 향락에 사로잡혀 노예상태에서 본래의 자기를 상실한 자이다. 이것이 미적실존주의 단계의 아이러니이다.

윤리적 실존주의(Ethical Existentialism): 착한 시민으로 참여하여 도덕적 책임을 다함으로 행복하려 한다. 그런데 사도바울은 "내가 원하는 바 선은 행하지 아니하고 도리어 원하지 아니 하는 바 악을 행하는도다"(롬 7:19)라고 고백했다. 인간은 윤리적 틀에 사로잡힌 노예 상태에서 무력한 자기 자신을 발견하게 되고, 고독, 위험, 공포, 전율을 경험하게 된다는 것이다.

기독교적 종교적 실존(Religious/Christian Existentialism): 인간은 자신의 지혜, 능력, 가능성 등 모든 것을 포기하고, 한계의 극한 상황에 도달했을 때 절망해야 할 필요성에 직면하게 된다.

사도바울은 "나는 날마다 죽노라"(고전 15:31)라고 고백했다. 인간은, 전능자이신 하나님 앞에서, 완전히 자신을 포기하고 무(無, nothing)의 상태에서, 무한한 미지의 세계의 어둠의 심연 속으로 전능자를 향해 실존적인 도약(跳躍)(Existential Leap)을 해야 한다.

실존적인 도약은 죽음으로서 사는 것이다. 자기 무기력에 절망함으로서 오히려 믿음에 이르는 계기를 갖게 되는 것이다. 이것은 기독교의 역설적인 역전(Paradoxical Reverse)의 진리이다.

아브라함은 나이 100세에 얻은 아들 이삭을, 자기의 생명보다 귀중한 아들 이삭을, 하나님께 바침으로 역설적으로 하늘의 별과 땅의 모래와 같은 자손의 축복을 받은 것이다. 믿음의 아버지가 되는 축복을 받은 것이다. 이것은 자기 부정을 통한 긍정이라는 기독교의 역설적인 역전(paradoxical reverse)의 진리이다. 이것은 키르케고르의 "좌절에 의한 비약"이란 것이다.

(19) 서사라 목사는 롯과 롯의 아내를 보았다.[70)]

서사라 목사는 주님께 롯과 롯의 아내를 보여 달라고 했다. 그러자 서 목사의 눈에 보인 것은, 롯이 앉아 있는 상태에서 온몸을 7-8cm 두께의 녹청색 뱀이 그의 몸을 칭칭 감고 있는 것이었다.

서 목사는 롯이 뱀에게 감겨져 있는 것을 믿을 수가 없었다. 롯은 "내가 돈을 좋아하다가 이렇게 되었어요."라고 했다. 롯은 아브라함의 하나님보다 돈이 좋아서 아브라함을 떠났다고 했다. 소돔과 고모라가 타락한 것을 알면서도 그

곳을 떠나지 않은 이유는 그 곳에 자신의 재산이 있었기 때문이다.

롯은 나중에 두 딸과 근친상간하여 모압과 암몬의 조상이 되는 아들들을 낳았다. 롯은 하나님 보시기에 실패한 자요, 이기지 못한 자에 속했다고 한다. 그는 지옥에 있지 않으나, 바깥 어두운 데에서 슬피 울며 이를 갈고 있다고 한다.[71]

롯의 아내는 불속에서 고통당하고 있는 것이 보였다고 한다. 도망가는 그녀를 큰 뱀이 쫓아가서 그녀를 감아서 다시 불속에 던져 넣었다.

(20) 천국에서 마리아와 아기 예수와 그리고 요셉의 동상을 보다.[72]

서사라 목사는 2013년 12월 22일 주일에 크리스마스 전 주일날 주일예배 때, 누가복음 2:8-12을 읽고 아기예수 탄생과 그분이 우리를 위하여 죽으심을 설교했다. 3일만 지나면 크리스마스였다.

주님과 서 목사와 아기 천사가 구름을 타고 나선형으로 만들어진 하얀 빌딩에 도착했다. 흰 옷을 입은 너무 많은 무리들이 길 양쪽에서 우리를 환영하고, 두 날개 달린 천사들이 앞에서 무리들을 정리하여 길을 내고 있었다.

그 건물 안에 들어가니, 마리아가 아기를 안고 있는 금은 보석으로 만들어진 동상이 있는 곳에 온 곳이다. 그 동상은 아주 실제같이 생겼다. 옆에는 동상으로 요셉이 서 있다. 지상에서도 이러한 동상들이 많은데 천국에서도 이런 것이 있다니... 천국에도 이런 것들을 두고 기념하는구나! 하고 감탄하고 있는데... 주님이 나에게 마음으로 말씀하시기를 "네가 오늘 이것을 설교했지?"라고 하셨다. 서 목사도 속으로 "네, 주님"하고 대답했다.

마리아가 아기 예수님을 안고, 그 옆에 요셉이 서있는 동상이 있는 곳에 서 목사, 주님, 마리아, 요셉이 서서 그것을 구경하고 있는 것이다. 서 목사는 우리를 환영한 그 많은 흰옷 입은 무리는, 그리스도의 수난으로 인하여 구원받은 무리였다고 한다.

[필자 해설]: 주님은 아기 예수 탄생을 설교하고, 그의 탄생이 우리를 위해 죽어 주시기 위한 것임을 설교한 서사라 목사에게, 그것을 다시 한 번 천국에서 재현시켜 주셨다고 생각한다. 다시 말하면, 서 목사가 천국에서 예수님 탄생의 동상을 본 것은 지상에서 크리스마스 계절에 본 것을 재현시켜 준 것이라 생각되어진다.

(21) 천국에도 크리스마스 이브가 있다.[73]

천국에 올라갔다. 크리스마스 이브날이다. 주님이 나를 맞이하여 주셨다. 은색 옷에 잔잔한 별무늬가 있는 옷을 입

고, 머리에는 별이 크게 한 개 중앙에 달린 면류관을 쓰고
계셨다.

　천국에 눈이 온통 쌓였다. 아니 천국에도 눈이 있다니...
참으로 놀라운 일이다.

[필자 해설]: 서목사가 한국에서 크리스마스 이브에 경험한 것을 주
　　　님은 재현시켜서 천국에서도 주님나신 날을 축하한다는 것을
　　　보여 주신 것 같다.

(22) 마리아는 경배 대상이 아니다 라고 했다[74)]

　서사라 목사는 그리스도를 육체로 낳은 마리아를 보았다.
마리아는 참으로 미인이었다. 처음 보는 순간 나도 모르게
마리아 앞에 무릎을 꿇었다. 내 옆에 있던 천사가 나를 일으
켜 세우면서 그렇게 하지 말라고 했다. 마리아는 우리가 그
렇게 경배할 대상이 아니라고 했다.

(23) 하나님과 하나님의 아들 예수님과의 대화

　엘우드 스코트(Elwood Scott)는 『파라다이스 방문기 : 거
룩한 성과 보좌의 영광』(Paradise : the holy city and the

glory of the throne)에서 모세가 생명책의 페이지를 넘겼는데, "하나님 아버지의 가르침을 받은 예수"라는 제목에서 예수님의 유년시절에 대한 기록이 나왔다고 한다.[75)]

예수님이 5살 되던 해였다. 육신의 아버지 요셉이 멀리 외출해 있을 ,때 어린 예수는 홀로 목공작업장에 남겨져 있었고 모친 마리아는 집안에서 분주히 가사를 하고 있었을 때였다. 그 때 하나님 아버지께서 친히 예수님에게 나타나시어 예수는 누구이며, 하나님이 곧 그의 아버지라는 사실과 예수님의 지상 사명이 무엇인가를 자세히 가르치셨다고 한다.

이 때 모세는 부연 설명을 했다. "이 모든 일에 대하여 하나님으로써 다 알고 계셨으나 어른이 되었을 때에도 계속 하나님의 가르침을 받았느니라."고 했다.

"낙원으로 올리우심"에 관한 기록을 보았다. 만물이 고요하고 잠이 들었을 때 하나님께서는 예수님을 낙원으로 데려가셔서 오랫동안 함께 지내시면서 대화를 나누셨다. "너는 여인에게서 났으니 사람이며 하나님이다. 모든 권능과 권세가 너에게 주어질 것이다. 또한 인류의 구원을 위하여 너의 생명을 그 대속물로 주어야 한다"고 하나님은 예수님께 말씀하셨다고 한다.

이 시점에서 엘우드 스코트는 예수님께서 "이 계명은 내 아버지에게서 받았노라"(요 10:18)는 말씀이 생각났다고 한다. 계속해서 예수님께 말씀하시는 하나님의 말씀이 기록되어 있었다. "너는 너의 자녀들이 거할 처소를 천국에 준비해

야 할 것이다. 이제 많은 구원받은 무리가 천국으로 인도될
것이니라."

지상의 아침이 오기 전, 천사들은 나사렛 집으로 예수를
무사히 안내해주었고 사람들이 아침의 부주함이 시작되기
전에 예수님은 자기 방에서 홀로 기도하고 계셨다.

[필자 해설]: 엘우드 스코트(Elwood Scott)는 예수님께서 5살 때
하나님 아버지께서 친히 예수님에게 나타나셔서 예수님은 누
구이며, 하나님이 곧 그의 아버지라는 사실을 말씀했다는 내용
과 하나님께서는 예수님을 낙원으로 데려가셔서 예수님은 여
인에게서 났으니 사람이며 하나님이시라는 것과 또한 인류의
구원을 위해 예수님의 생명을 그 대속물로 바쳐야 한다고 말
씀했다고 한다. 위의 내용들은 성경에 없는 내용이긴 하지만,
엘우드 스코트가 비전으로 보고 들은 것을 간증한 내용일 뿐
이다. 이것을 교리화하든지 신학적인 해석을 할 필요는 없다고
생각한다.

(24) 새 하늘과 새 땅의
새 예루살렘 성 밖에 있는 자들[76]

요한계시록 22:14-15에 성 밖에 관한 구절이 나온다.
"14 자기 두루마기를 빠는 자들은 복이 있으니 이는 그들이
생명나무에 나아가며 문들을 통하여 성에 들어갈 권세를 받

으려 함이로다 15 개들과 점술가들과 음행하는 자들과 살인
자들과 우상 숭배자들과 및 거짓말을 좋아하며 지어내는 자
는 다 성 밖에 있으리라"(필자 밑줄)

자기 두루마기를 빠는 자들은 생명나무에 나아가는 권리
를 가진 자들이며 하나님의 도시인 새 예루살렘에 들어가는
자들이다.

서사라 목사는 성 밖으로 가는 자는 예수를 믿으나 이기
지 못하는 삶을 사는 자들이 가는 곳이라고 한다.[77]

서 목사는 10처녀 비유에서(마 25:6 - 13), 기름을 준비
하지 못한 미련한 5처녀의 예를 들면서, 성 밖은 주님이 말
씀하신 이기지 못하는 자들이 오는 장소이며, 바깥 어두운
데이며 슬피 울며 이를 가는 장소라고 했다. 이 장소는 새
하늘과 새 땅으로서 천국에 속한 장소이며 지옥과는 전혀 다
른 장소라고 한다.[78]

(25) 요한계시록에서 말하는
이기는 자와 이기지 못한 자[79]

서사라 목사는, 성경은 이기는 자와 이기지 못하는 자
에 대하여 아주 상세히 잘 가르쳐 주고 있다고 한다(계 2:7,
11, 17, 26; 계 3:5, 12, 21; 계 21:6-7).

이기지 못하는 자들이 가는 곳은 아마도 성 밖일 것이다,
거기는 영혼들이 나자빠져 있었고 슬피 울며 이를 갈고 있었

고 매를 맞고 있는 자들도 있었다.

서사라 목사는 "슬피 울며 이를 갈이 있으리라"는 성경 구절을 마태복음 24:48-51; 22:9-13; 25:28-30를 인용하고 있다.

악한 종, 예복입지 못한 자, 받은 달란트로 이윤을 남기지 못하고 숨겨둔 자, 그리고 10처녀 중에서 주님을 기다리고 있었으나 기름 준비를 충분히 하지 목한 미련한 5처녀가 가는 곳이 하나님의 영광이 해같이 빛나는 새 예루살렘 성안이 아니라 성 밖으로 생각된다고 한다.

주님은 기름준비를 하지 못한 5처녀에게 "진실로 너희에게 이르노니 내가 너희를 알지 못하노라"고 하셨다.

[필자 해설]: 성경이 말하는 이기는 자와 이기지 못한 자

요한계시록 3:4-5에 보면, "옷을 더럽히지 아니한 자"(4절)와 "이기는 자"(5절)에게 행한 약속이 있다.

옷을 더럽히지 아니한 자는(4절) 교회에서 신실한 믿는 자를 의미한다. 그 시대의 무가치한 세상적인 삶으로 그들의 옷을 더럽히지 아니한 자를 말한다(약 1:27). 그들은 교회를 양심의 가책을 해소하는 종교적인 구원책으로, 사회 활동 장소로, 교제를 위한 장소로, 사회적 사업적인 만남의 장소로, 가족을 위한 활동 장소로 사용하지 아니한 자를 의미한다.

신실한(충성스러운) 믿는 자는 그들 자신이 순결함을 유지하며, 예수 그리스도와 그 분의 가르침에 집중하여, 영적으로 성장하면서, 세상에서 그리스도를 나누어 가지려는 자를 말한

다. 순결하고 신실한 믿는 자는 흰 옷을 입고 그리스도와 함께 걸어가는 자들이다(4절).

흰 옷은, 죄를 회개함으로써 그리스도로부터 죄 사함을 받게 된 자들이 가진 순결함과 의로움을 의미한다. 흰 옷 입은 자는 그리스도와 함께 영원히 순결과 승리 가운데서 걸어간다.

이기는 자는(5절) 교회를 위해 예수 그리스도와 예수 그리스도의 영적인 가르침의 목적에 초점을 맞추어 사는 믿는 자이다. 이기는 자는 3가지 약속을 받게 된다(5절).

첫째, 이기는 자는 흰 옷을 입을 것이다. 이것은 의로움과 순결함의 옷이요, 하늘나라에 들어갈 때 믿는 자에게 주어지는 완전한 옷이다. 믿는 자(이기는 자)에게 의롭고 순결함의 옷이 주어지는 것은 이기는 자는 그리스도의 의로움을 신뢰했기 때문이며, 의로운 삶으로 그리스도를 따랐기 때문이다.

둘째, 이기는 자는 그 이름을 생명책에서 결코 지워짐을 당하지 않을 것이다. 생명책은 하나님께서 간직하고 계시는 책으로, 사람이 거듭날 때 그의 이름이 생명책에 기록되어 진다. 그러나 사람이 죽을 때 믿지 않는 자의 이름은 생명책에서 지워지고 영원한 죽음의 심판을 받게 될 것이다. 진정한 믿는 자의 이름은 아무도 손대지 못하며, 영생을 누릴 것이다.

셋째, 이기는 자는 하나님과 천사들 앞에서 그리스도로 인해 그의 이름이 인정을 받을 것이다. 그리스도는, 영적으로 삶을 삶으로써 이겨내고 그리고 그리스도 중심으로 삶을 영위한 믿는 자(이기는 자)를 아신다고 고백할 것이다. 예수님은 "누구든지 사람 앞에서 나를 시인하면 나도 하늘에 계신 내 아버지 앞에서 그를 시인할 것이요 누구든지 사람 앞에서 나를 부인

하면 나도 하늘에 계신 내 아버지 앞에서 그를 부인하리라"고
하셨다(마 10:32-33)

(26) 바깥 어두운데 슬피 울며 이를 갊이 있는 장소[80)]

서사라 목사는 주님과 함께 6명의 천사들의 호위를 받으
며 황금 계단을 내려왔다. 광장에 수많은 사람들이 앉아 있
었다. 흰 옷을 입고 앉아 있던 사람들이 한 사람 한 사람씩
불려나가 곤장을 때리듯이 매를 맞는 것이 보였다.

주인은 자기의 모든 재산을 종에게 맡겼는데, 나쁜 종이
마음속으로, 주인이 늦게 온다고 하여, 동료들을 때리고, 술
친구들과 어울려 먹고 마셨다. 생각하지도 않은 날에, 주인
이 왔다. 성경은 그 종을 "엄히 때리고 외식하는 자가 받는
벌에 처하리니 거기서 슬피 울며 이를 갈리라"(마 24:51)고
했다.

그 곳은 바로 이런 자들이 와서 매를 맞는 장소였다고 한
다(필자 밑줄). 이곳은 분명 지옥이 아니었다고 한다.

서사라 목사는 주님께 물었다. "주님, 저번에 누구누구
목사님이 쇠창살 안에 있는 것을 보았는데, 이들이 있는 곳
이 이 성 밖이에요? 아니면 지옥이에요?"

모세가 보여 주었는데, 쇠창살 안의 감방에는 주의 종들
이 들어 있었는데 그들은 평생 주의 일을 한다면서 하나님의

영광을 훔친 자들이었다.

모세는 서 목사에게 여기가 지옥이 아니라 성 밖이라고 알려주었다. 이기지 못한 삶을 산 주의 종들이 가는 성 밖과 완전 타락한 주의 종들이 가는 지옥은 다른 곳이라고 한다.[81]

쇠창살 안에 있는 000목사는 "주님 저를 용서하여 주세요. 나를 이곳에서 꺼내어 주세요."라고 했다. 주님은 "너는 벌써 심판을 받았느니라"고 하셨다. 서 목사는 주님이 "그는 내 영광을 훔쳤느니라"고 하신 것이 생각났다. 바로 그 옆 쇠창살 안에는 한국에서 유명한 목사님이 들어가 계셨다.

서사라 목사는 주님에게 대형교회 목사님들이 흰옷 입고 들어가 있는 쇠창살이 성 밖인지 지옥인지 다시 물었다. 그들 목사들이 있는 곳은 새 하늘과 새 땅에 있는 새 예루살렘 성의 밖이라는 것을 확신 시켜주는 구절(계 22:15)을 생각나게 하셨다.

『설교자의 개요와 성경적 설교』(The Preacher's Outline & Sermon Bible)에서 "다 성 밖에 있으리라"에 관해 설명하고 있다.[82]

요한계시록 22:15에서 "개들과 점술가들과 음행하는 자들과 살인자들과 우상 숭배자들과 및 거짓말을 좋아하며 지어내는 자는 다 성 밖에 있으리라"고 했다.(필자 밑줄)

"개들"은 방랑하고, 비열하고 야만적이며, 더럽고 부도덕한 것을 상징한다고 했다. 그래서 방랑하고, 비열하고 야만적이며, 더럽고 부도덕한 자는 결코 하나님의 도시에 들어가지 못한다고 했다.

요한계시록 22:15의 내용은 요한계시록 21:8에서 말하는 "두려워하는 자들과 믿지 아니하는 자들과 흉악한 자들과 살인자들과 음행하는 자들과 점술가들과 우상 숭배자들과 거짓말하는 모든 자들은 <u>불과 유황으로 타는 못에 던져지리니 이것이 둘째 사망이라</u>"(필자 밑줄)는 내용과 같은 맥락의 것으로 보고 있다.[83]

요한계시록 22:15의 "다 성 밖에 있으리라"는 내용은 요한계시록 21:8의 "불과 유황으로 타는 못에 던져지리니"의 내용과 같은 맥락의 내용으로 보고 있다.

위의 두 구절에서 언급한 자들은 회개하지 않고 하나님께로 돌아서서 용서함을 받지 않는 자는 새 하늘 새 땅에 들어가지 못하고 "불과 유황으로 타는 못에 던져"진다는 것이다.[84]

데이몬드 덕크(Daymond R. Duck)는 『계시록: 성경에로의 스마트한 지침서』(The Book of Revelation: The Smart Guide to the Bible)에서, 요한계시록 22:15의 내용과 요한계시록 21:8의 내용은 같은 것으로 보고 다음과 같이 기술하고 있다.[85]

"예수님은 생명나무와 거룩한 도시로 가는 축복을 받지 못한 자에 대한 리스트를 직접 제공하여 주셨다. 생명나무의 과일 대신에, 개들(주술, 성적 부도덕, 우상숭배, 거짓말에 몰두한 자들)은 지옥의 쓰레기를 먹을 것이다. 거룩한 도시로 가는 대신에, 이들 개들은 불의 호수에서 폐기물 먹을 것을 찾아다닐 것이다." 그리고서 Daymond R. Duck는 요한계시록 21:8을 인용하고 있다.

요한계시록 22:15의 내용을 요한계시록 21:8의 내용과 동일시함으로써 "다 성 밖에 있으리라"는 것은 "불과 유황으로 타는 못에 던져지리니"의 뜻으로 해석하고 있다. "성 밖을" 지옥으로 보는 것이다.

메리 박스터(Mary Baxter)는 『하늘나라에 대한 계시』(A Divine Revelation of Heaven)에서 "그 나라의 본 자손들은 바깥 어두운 데 쫓겨나 거기서 울며 이를 갈게 되리라"(필자 밑줄)를 인용하고서 바깥 어두운 데서 울며 이를 가는 곳은 지옥이라 한다.[86]

박스터는 "여기선 주님의 종들을 의미합니까?"라고 물었다. 예수님은 말씀하셨다. "그래, 내가 그들을 부른 후에, 돌아서 버린 종들 말이다. 나보다도 세상을 더 사랑하여 죄의 수렁 속에 뒹구는 곳으로 돌아간 종들, 진리와 거룩함을 대표하지 못하는 종들, 나를 섬기기 시작한 후에 돌아서버리기 보다 차라리 처음부터 시작하지 않은 것이 더 좋았을 것이다."

예수님은 말씀 하셨다: "만일 너희가 회개하면, 나는 충실하게 너희를 모든 불의한 것으로부터 씻어 주리라. 회개하지 않으면, 불신자들과 함께 끌어내어 바깥 어두운 곳으로 던져버리리라."

어두운 천사가 원반을 어둠 속으로 멀리 던졌다. 바깥 어둠 속으로 던져짐을 의미한다. 예수님과 Baxter는 즉시로 공간을 통해 원반을 따라 갔다. 원반 가운데서 불이 일어나고, 사람들이 파도치는 화염 위로 아래로 안으로 밖으로 헤엄치고 있었다. 귀신들이나 악한 영들은 없었지만 영혼들만이 불바다 속에서 타고 있었다.

원반 밖에는 칠흑 같은 어둠이었으며, 원반에서 나오는 화염으로부터 나오는 빛만이 밤공기를 밝혀주고 있었다. 그 빛으로 사람들이 원반 가장자리로 헤엄쳐 나오려고 애를 쓰는 것이 보였다.

그들 중에 몇 명은 거의 가장 자리에 도착했을 때 원반 내부로부터 빨아들이는 힘으로 다시 화염 속으로 빨려 들어갔다. 그들의 형태는 해골로 바뀌어져 버린 희미한 잿빛 영혼들이었다. Baxter는 이것은 지옥의 다른 부분임을 알았다고 했다.

크리스토퍼 몰간(Christopher H. Morgan)은 "성경 신학: 세 가지 지옥의 그림(Biblical Theology: Three Pictures of Hell)"에서 "성 밖"과 "슬피 울며 이를 가는 것"은 지옥의 형상이라고 하고 다음과 같은 구절을 예로 들고 있다.[87]

"그 나라의 본 자손들은 바깥 어두운 데 쫓겨나 거기서 울며 이를 갈게 되리라"(마 8:12). "임금이 사환들에게 말하되 그 손발을 묶어 바깥 어두운 데에 내던지라 거기서 슬피 울며 이를 갈게 되리라 하니라"(마 22:13). "풀무 불에 던져 넣으리니 거기서 울며 이를 갈게 되리라"(마 13:42). "엄히 때리고 외식하는 자가 받는 벌에 처하리니 거기서 슬피 울며 이를 갈리라"(마 24:51). "이 무익한 종을 바깥 어두운 데로 내쫓으라 거기서 슬피 울며 이를 갈리라 하니라"(마 25:30).

서사라 목사는 "성 밖"은 지옥이 아니라, 새 예루살렘 성의 바깥 어두운 곳이라고 한다.

여기에 오는 주의 종들은 주의 일을 열심히 하였지만 그러나 삶에서 이기지 못하는 삶을 살았다는 것이다. 그리고 이것에 대한 철저한 회개가 없었다는 것이다.

성 밖의 문제 때문에 서사라 목사의 영은 울고 있었다.[88]

성 밖의 문제로 서사라 목사를 이단 취급하고 있기 때문이다. 미련한 5처녀는 문밖에 남게 되었는데, 이 문밖은 바로 성 밖이라는 곳으로, 이곳은 지옥이 아니라, 새 하늘과 새 땅이지만 바깥 어두운 즉 하나님의 영광이 비취지 아니하는 새 예루살렘 성 밖이라고 한다. 그들은 여기서 가벼운 형벌을 받으면서 슬피 울며 이를 간다고 한다.

성 밖에 있는 자들이 회개하는 것을 보다.[89] 그 곳은 황량한 벌판 같았고, 들개가 먹다 남은 음식을 늘어놓은 것 같았다. 흙 위에 돌멩이들이 나부라져 있었다.

흰 옷 입은 자가 여기 하나 저기 하나 드문드문 엎드려 있었다. 그들의 발은 맨발이었고, 이들을 다스리는 천사가 갑옷을 입고 서 있었다. 엎드려 있는 자들이 회개하지 아니 하면, 그 천사는 그들을 회초리로 때리는 것이었다.

성 밖에서 누운 채로 배 위에 바위를 올려놓고 있는 그룹을 보다.[90)

그들은 흰 옷을 입은 채로 가슴과 배 위에 큰 돌들을 올려놓고 움직이지 않는 형벌을 받고 있었다.

성 밖에는 매를 맞고 있는 그룹, 손은 뒤로 묶여 있으면서 입으로 뭔가를 계속 옮기고 있는 그룹, 좁은 공간으로 몸을 간신히 통과해야 하는 그룹, 쇠창살 안에 들어 있는 그룹, 롯과 같은 경우 녹청색의 뱀이 상체를 감고 있는 그룹, 황량한 들판 같은 곳에서 엎드려서 회개하고 있는 그룹 등 여러 그룹, 그리고 가슴과 배에 큰 돌을 올려놓고 움직이지 않고 있는 그룹이 있었다.

예수를 믿어도 성령의 은사가 일어남을 인정하지 않는 자는 성 밖에 있었다.[91)

구원파 박00, 유00, 또 이00는 성령의 은사를 인정하지 않고, 이 시대에는 중단되었다고 한다. 방언, 방언 통역, 신유의 은사 등등을 전혀 인정하지 않는다. 이들 지도자들의 가르침 때문에 성도들도 성령훼방 죄를 본의 아니게 짓게 되어서 지옥은 아니고 성 밖에 간다는 것이다.

서사라 목사는 요한계시록 22:15의 내용은 요한계시록

21:8에서 말하는 내용과는 다른 내용이라고 본다.

즉 계시록 21: 8에서의 "두려워하는 자들과 믿지 아니하는 자들과 흉악한 자들과 살인자들과 음행하는 자들과 점술가들과 우상 숭배자들과 거짓말하는 모든 자들은 불과 <u>유황으로 타는 못에 던져지리니 이것이 둘째 사망이라</u>"(필자 밑줄)는 내용과 요한계시록 22:15에서 말하는 "개들과 점술가들과 음행하는 자들과 살인자들과 우상 숭배자들과 및 거짓말을 좋아하며 지어내는 자는 <u>다 성 밖에 있으리라</u>"(필자 밑줄) 하는 내용을 다르게 보는 것이다.

서사라 목사는 계시록 22:15절의 개들을 이사야 56: 9-12절에서 말하는 탐욕이 심한(예수의 길이 아니라) 자기 길로 돌이키는 목자들이라고 말한다.

서사라 목사는 계시록 22:15에 나오는 개들 이외의 술객들, 살인자들, 행음하는 자들, 우상 숭배하는 자들, 그리고 거짓말을 좋아하며 지어내는 자들이 계시록 21: 8절에 나오는 그러한 죄목으로 불과 유황 불 못에 던져지는 자들과는 다르다고 말한다.

계시록 22:15절에 나오는 그들은 아직 하나님에 대한 양심이 살아있어 성령이 떠나지 아니하여 그들의 이름은 생명책에서 완전히 지워지지는 않았다는 것이다. 그래서 그들은 성 밖에 간다고 말하고 있다. 그러나 계시록 21: 8절에 나오는 동일한 죄목을 가진 그들은 양심에 화인 맞을 정도로 그러한 죄를 계속지어서 하나님께서 그를 버려서 생명책에서 아예 이름이 지워진 자들이라는 것이다. 그리하여 계시록

20:15절에서 말하는 "생명책에 이름이 없는 자마다 불 못에 던지우더라"에서처럼 그들이 처음에는 이름이 생명책에 적혀졌었으나 후에는 양심에 화인 맞을 정도로 죄를 지어서 그들의 이름이 생명책에서 지워져서 그들이 불과 유황불에 믿지 아니하는 자들과 함께 던져진다는 것이다.

서사라 목사는, 성 밖을 포함하여 천국과 지옥을 본 결과, 성 밖에 있는 자들은 흰 옷을 입고 천국 성안 레벨에서 약 100-150계단 아래에 존재하지만, 지옥에 있는 자들은 벌거벗고 천국의 성안에 레벨에서 무한정 아래에 존재하고 있다고 한다.[92]

엘우드 스코트(Elwood Scott)는 『파라다이스 방문기』에서 성문 바깥은 낙원이라고 한다.

엘우드 스코트는 천국에 있는 어머니에게 "먼저 천국의 이 성 안과 성의 바깥 낙원에서(here in heaven, both in the city and outside in paradise), 그리고 어디서든지 우리가 누릴 특권은 무엇이며, 우리의 행위를 다스리는 법은 무엇인지 알고 싶습니다."하고 질문을 한다. 스코트와 천국에 있는 그의 어머니는 성 안은 천국이요 성 밖은 낙원임을 기정사실로 하고 있다.[93]

엘우드 스코트는 『파라다이스 방문기』, 제 8장, "다섯 번째 방문: 바로 성벽들의 바깥지대"에서 다음과 같이 묘사하고 있다.[94]

우리 군단이 거대한 성벽 문을 향하여 나아가고 있을 때

장로 한 분이 우리를 환영해 주었다. "하나님의 자녀들이여, 그대들을 진심으로 환영하노라. 그대들의 구속 주는 저 성 안에 계신다."

웅장하고 높은 성벽, 그 빛의 찬란함을 표현으로는 감히 말할 수가 없다. 나는 열두 기초석 위에 앉아 잠시 쉬었다. 각 기초석은 12사도의 이름이 새겨져 있었고 계단을 이루고 있었다. 맨 처음 계단에는 베드로의 이름이 있었고, 둘째 계단에는 바울, 셋째 계단에는 야고보의 이름이 있었다. 맨 위 쪽의 기초석 위에 높이 솟아 있는 벽은 자수정(紫水晶)으로 장식되어 빛을 발하고 있었다.

유다의 문은 항상 열려져 있으며, 천국에는 통제가 없다는 걸 보여준다고 한다. 이 성벽은 안에 있는 이들을 보호하고 있을 뿐 아니라, 성벽 바깥 쪽에 있는 분들까지도 보호하고 있다고 한다.

성문 곁에 있는 천사는 누구든지 안내를 해 주고 있다. 엘우드 스코트와 천사는 성벽 바깥을 고루고루 구경하기 위해 잠시 시간을 지체했다가, 조금이라도 속히 성내로 들어가고 싶었다고 했다.

여호와를 경외하는 자와 그 이름을 존중히 생각하는 자의 이름을 기록한 기념책을 훑어보니 낙원에 처음에 들어 왔을 때 함께 있었던 이들의 이름도 볼 수 있었다.

그런데 그들은 진주문 밖에 멀리 떨어져 그 곳에 남아 있었다. 지금 당장에 그들은 주님의 보좌 앞으로 올 자격이 없는 자들이기 때문이었다. 완전히 준비를 갖추지 않고서는 이 문으로는 들어갈 수가 없다는 것이다.

[필자 해설]: 서사라 목사는 성 밖은 예루살렘 성의 바깥 어두운 곳
으로, 이 장소는 새 하늘과 새 땅으로서 천국에 속한 장소이며
지옥과는 다른 장소라고 한다.
The Preacher's Outline & Sermon Bible에서와 Daymond R.
Duck, Mary Baxter, 그리고 Christopher H. Morgan은 성 밖
은 지옥이라고 한다.
Elwood Scott은 성 밖은 낙원이라고 한다.
성 밖에 대한 묘사에서, 위에서 본 것처럼, 각각 다르게 말하고
있다. 그것은 사람들이 비전으로 꿈으로 천국과 지옥을 본 것
은, 각 개인의 문화적 교육적 배경이 다르고, 개인적 성향이 다
름에서 오는 이해력을 바탕으로 하고 있기에, 그 본 것에 대한
각 개인의 간증에 불과 하기 때문이다. 그 간증을 교리화하거
나, 신학적 학설로 취급하면 안 된다고 생각한다.

[필자 제안]: 위에서 보았듯이 "성 밖의 문제"에 대하여 여러 가지
다른 의견들을 보았다. 그러기에 필자는 서사라 목사가 『간증
수기』에서 말하는 "성 밖의 문제"에 대하여 신학자들이 "성 밖
의 문제 연구 모임"을 구성하여 진지하게 토론해보는 것도 바
람직하다고 생각한다.

(27) 대형교회의 유명한 목사가
쇠창살 안에 계신 것을 보았다[95]

주님께 유명한 000 목사님이 어디 계신지 물어보았다. 지금도 그 교회에서는 그 분에 대한 추도예배를 성대하게 하는 것을 보았다. 천국에 있을 줄 알았는데, 대형교회 목사는 흰 옷을 입고 쇠창살 안에서 외치고 있었다.[96]

"내가 왜 여기 왔어야 돼? 왜 내가 여기 있어야 하느냐고?" "주의 일을 한다면서 하나님 영광을 훔치면 나처럼 이같이 돼. 여기 오지마, 여기 오지마."

주님도 곧 울음이 터질 것 같으셨다. 주님은 "그는 나의 개였다."고 하셨다. 짖지 못하는 개(사 56:9)는 탐욕이 심하여 자기 이만 도모하는 자이다.

그 분은 일본에서의 사역과 TV를 통한 사역자였다. 그는 주님의 일보다 그분의 이름이 더 높아져 있었다. 하나님의 일을 한다면서 하나님의 영광을 가로챈 목사들은 이 목사님과 같이 쇠창살이 있는 곳으로 가게 될 것이 분명하다고 했다.

3명의 검정색 갑옷으로 무장한 천사들이 서 목사를 인도하여 터널 밑으로 내려갔다.[97] 거기는 사람들을 푸줏간에 고기를 매달았듯이 사람들이 거꾸로 매달려서 고통을 당하고 있었다. 그들 바로 밑에는 활활 타는 불이 있었다. 그들은 주의 종들이었고 나름대로 소리를 지르고 있었다. "주님 잘못했어요."하는 자가 있는가 하면, 기독교를 욕하고 저주하는 자도 있었다.

불에도 타지 않는 검은 실뱀들이 불에서 뛰어나와 사람들의 콧속으로 들어간다. 그럴 때마다 그 사람들은 윽――, 윽―하고 소리를 지른다. 얼굴 색깔이 노란 뱀이 손바닥만한 뱀의 얼굴로 주의 종들의 **뺨**을 때렸다.

서사라 목사는 성 밖에 있는 자와 지옥에 있는 자는 다름을 말한다. 성 밖에 있는 자들은: 흰 옷을 입고, 얼굴이 천국가는 자처럼 젊고, 형벌이 매우 가볍고, 천사가 이곳을 다스리고, 천국 성안 레벨에서 약 100-150계단 아래에 존재한다고 한다.

지옥에 있는 자들은: 벌거벗고, 얼굴이 죽을 때 나이 그대로이고, 형벌이 상상을 초월할 정도로 극심하고, 마귀의 부하가 이곳을 다스리고, 천국의 성안에 레벨에서 무한정 아래에 존재한다고 한다.[98]

(28) 주님의 보좌 앞에서 최OO 목사에 대하여 불어보았다.[99]

"그가 어디가 아픈 것이냐고?" 주님은 그가 영적 문둥병에 걸려 있다고 하셨다. 한쪽으로만 치우쳐 있는......주님은 나에게 '그를 가까이 하지 말라' 하신다. 내가 그를 가까이 하면 내가 다칠 것이라 말씀하신다. 지금은 가까이 할 때가 아니라고 말씀하셨다.

(29) 단테 『신곡』 "지옥편"은 지옥에서 고통당하는 사제들을 보여주고 있다.

이탈리아의 시인 단테(Alighieri Dante, 1265-1321)는 『신곡』 "지옥편"에서 고통당하는 사제들에 관해 기술하고 있다. 『신곡』 제1곡에서 단테는 35세 때 버질(고대 로마 시성, 70-19 B.C., Aeneid의 작가)을 만나 길 안내를 받았다. 단테는 길도 없는 어두운 숲속을 빠져나왔다. 그 때 표범 한 마리가, 그리고 굶주림으로 으르렁대는 사자 한 마리가, 뒤를 이어 피에 굶주린 말라 비틀어진 암-이리가 단테를 가로막았다.

버질은 암이리를 피하여 딴 길로 돌아서 가야 한다고 했다. 왜냐하면 암이리는 너무나 식욕이 왕성하여 아무리 먹어도 배가 차지 않기 때문이다.

이 3마리 짐승은 예레미야 5:6에 나오는 표범, 사자, 이리를 말한다. 표범은 세상적인 향락을 추구하는 음란한 도시 사람들을 상징하고, 사자는 세상적인 야심을 추구하는 오만하고 폭력적인 정치가들을 상징하고, 암이리는 세속적 탐욕과 사기성이 강한 악랄한 종교 지도자들을 상징한다. 단테는 3동물 중에서도 암이리가 인간에게 가장 큰 해를 끼친다고 보았다.

『신곡』의 제23곡, 지옥의 8옥에 있는 10구렁의 6째 구렁에는 황금색으로 빛나지만 안은 납으로 된 무거운 외투를 입고 어정어정 영원히 걸어야 하는 것이었다. 사제들의 모습이었다.

로마의 프리드리히 2세 황제는 반역자들을 처벌할 때 납으로 된 옷을 입혀 가마솥에 끓여서 납과 함께 녹여 죽였다. 지옥의 납 옷은 너무 무거워 프리드리히 황제가 사용한 납 옷은 지옥의 것과 비교해서 지푸라기의 무게에 지나지 않는다는 것이다.

단테는 지옥 길바닥 위에 3개의 말뚝으로 못 박혀 있는 한 남자를 보았다. 대제사장 가야바였다. 그 지옥 길을 통과하는 자마다 가야바를 밟고 가도록 되어 있었다. 가야바는 유대인들에게 "한 사람이 백성을 위하여 죽는 것이 유익하다"고 권고 하여(요 18:14) 예수님을 십자가로 보낸 자이다.

[필자 해설]: 서사라 목사는 유명한 종교 개혁가가 지옥에 있는 것을 보았다. 대형교회의 유명한 목사가 쇠창살 안에 계신 것을 보았다. 목사들이 푸줏간에 고기를 매달았듯이 거꾸로 매달려서 고통을 당하고 있었는데, 그들 바로 밑에는 활활 타는 불이 있었고, 검은 실뱀들이 불에서 뛰어나와 사람들의 콧속으로 들어간다고 했다.

단테는 세속적 탐욕과 사기성이 강한 악랄한 종교 지도자들을 "암이리"에 비교하고서, 지옥에서 사제들이 황금색으로 빛나지만 안은 납으로 된 무거운 외투를 입고서 어정어정 영원히 걸어야 하는 모습을 보았으며, 대제사장 가야바는 지옥 길바닥 위에 3개의 말뚝으로 못 박혀서, 그 지옥 길을 통과하는 자마다 가야바를 밟고 가도록 되어 있다고 했다.

제사장이나 목회자나 신학자나 지옥에서 고통당하는 모습은 여러 가지이다. 각 작가가 비전에서 본대로 혹은 상상한대로 나타나는 현상을 기록했으리라 생각되어진다. 제사장이나 목회자들에게 두려움과 경각심을 주는 것은 사실이다.

(30) 주님은 한국이 전쟁으로 초토화 될 것을 말씀하셨다.[100]

서사라 목사는 구름을 타고 한참을 날았는데 저 밑으로 수많은 집들이 보였는데 한국이다. 주님은 곧 한국이 전쟁으로 초토화 될 것이라는 것을 알게 하여 주신다.

회의실에 주님, 바울, 베드로, 마리아, 안드레, 도마, 빌립이 앉아 있었다.[101] 테이블 위에는 한국 지도가 놓여 있었다. 주님은 말씀하셨다. "나는 이 나라를 사랑한다." 우리나라 지도에는 38선이 안 보이고 남북이 그냥 하나다. 주님은 전쟁을 일으켜서 이 나라를 새롭게 해야 한다고 말씀하셨다. 바울이 서 목사의 손을 꼭 잡고 모든 것이 다 잘 될 것이라고 한다.

결론 :

　　앞에서 "천국과 지옥을 보고 온 사람들의 간증"에서 본
것처럼, 각 개인이 본 비전이나 꿈은 그 개인의 나라의 문화
와 공동체의 문화와 그 개인이 자라난 가정의 문화(배경, 환
경, 교육 등)에 따라서 다르게 나타나는 것을 보았다.

　　또한 동시에 각 개인이 본 비전과 꿈에 대한 해석도, 그
개인이 자라난 나라의 문화와 공동체의 문화와 그 개인이 자
라난 가정의 문화(배경, 환경, 교육 등)에 따라 다르게 할 수
있다고 본다.

　　그러기 때문에 각 개인이 행한 간증은 단순히 간증으로
받아들여야 한다. 그 간증을 교리화하든지, 신학의 정통적인
사상으로 오인하여 논쟁하는 것은 의미가 없다고 생각한다.

　　문학에서 표현주의(Expressionism)는 사실주의와 자연
주의(모방적) 성격에 반발하여 삭막한 현실 세계 속에 사는
개인의 깊은 정신의 상태를 그대로 나타내고자 하였다.[102]

　　사실을 진실 되게 그대로 재현하는 것이 문학이라는 모
방이론에 대항하여, 표현주의는 의식적으로 외부 모방적인
또는 사실적인 일체의 요소를 배격했다. 표현주의는 외부
의 사실을 그대로 사실로만 받아들이는 정상적인 인물을 버

리고, 정서적으로 불안한 인물의 내면적 체험을 나타내려고
했다.

표현주의는 현대적 물질주의, 공리주의, 산업주의의 압
력으로 인하여 개인의 내면은 불안하고 초조하고 허무감에
차 있지 않을 수 없다고 생각한다. 그러기에 표현주의에 의
하면, 인간의 심리적(정서적)인 현상은 정상적인 물리적 의
미의 시간이나 공간에 지배를 받지 않고 초현실주의에 많이
흡수되는 경향을 보이게 된다. 사람의 생각은 시간과 장소
를 초월하기 때문이다.

표현주의가 인간의 내면의 심리적 현상으로 시간과 장소
를 초월하여 여러 가지 사건들이 다양한 형태로 표출되는 것
처럼, 그리스도인 개인이 본 천국과 지옥에 대한 간증도 시
간과 공간을 초월하여 다양한 형태로 나타나는 것을 보았
다. 그러기에 개인의 간증을 교리적으로 신학적으로 해석하
려는 것은 피하는 것이 좋다고 본다. 간증을 어디까지나 간
증으로 끝나야 한다고 생각되어 진다.

미주 (Endnote)

1) Vernon J. Bourke, The Essential Augustine, Indianapolis: Hackett Publishing Company, 1978, pp. 197–205.

2) Paul Tillich, Eternal Now, New York: Charles Scribner's Sons, 1963, pp. 122–132.

3) The Preacher's Outline & Sermon Bible: Matthew, Chattanooga, TN: Leadership Ministries Worldwide, 1996(1991), pp. 76–77.

4) 서사라, 『이제도 있고 전에도 있었고 장차 올 자 예수 그리스도』 (사사라 목사의 천국지옥 간증수기 5: 성경편 제3권-계시록 이해), 경기도: 하늘빛출판사, 2016, p. 794.

5) 이상근, 『신약주해 주가복음』, 대구: 성등사, 1989(1968), p. 361.

6) The Preacher's Outline & Sermon Bible: Luke, Chattanooga, TN: Leadership Ministries Worldwide, 1996(1991), pp. 336–338. Wikipedia English, Wikipedia English, "Bosom of Abraham." "Christianity" in "Paradise."

7) John Hagee, The Three Heavens, Brentwood, Tennessee: Worthy Books, 2015, p. 55.

8) Ibid., p. 259.

9) Ibid., pp. 260–261.

10) Ibid., pp. 215–228.

11) The Preacher's Outline & Sermon Bible: Exodus II, Chattanooga, TN: Leadership Ministries Worldwide, 1996, pp. 250.

12) Myer Pearlman, Knowing the Doctrines, p. 82. 그리고 Derek Prince, War in Heaven, p. 120. John Hagee, The Three Heavens, 216–217.에서 재인용.

13) Preacher's Outline & Sermon Bible: Revelation, Chattanooga, TN: Alha-Omega Ministries, Inc., 1996, pp. 279–280. 서사라, 『이제도 있고 전에도 있었고 장차 올 자 예수 그리스도』, pp. 786–795.

14) Preacher's Outline & Sermon bible: Revelation, p. 280.

15) Rabbi K. A. Schneider, The Book of Revelation Decoded, Frorida: Charisma House, 2017, p. 216.

16) Ibid., p. 216.

17) Ibid., p. 217.

18) Dante, The Divine Comedy · 2 Purgatory, Maryland: Penguin Books, 1955, pp. 134–138 (Canto IX, line 113).

19) Ibid., p. 189 (Canto XVI, ll. 58–63). 단테(정노영 옮김), "연옥편" 『신곡』, p. 333.

20) Ibid., p. 190 (Canto XVI, ll. 67–72). 단테(정노영 옮김), "연옥편" 『신곡』, pp. 333–334.

21) Ibid., p. 190 (Canto XVI, ll. 73–81). 단테(정노영 옮김), "연옥편" 『신곡』, p. 333.

22) Ibid., p. 191 (Canto XVI, ll. 100–105). 단테(정노영 옮김), "연옥편" 『신곡』, p. 334.

23) Ibid., p. 191 (Canto XVI, l. 114). 단테(정노영 옮김), "연옥편" 『신곡』, p. 335.

24) John Hagee, The Three Heavens, Brenwood, Tennessee: Worthy Books, 2015, pp. .

25) 이순한, 『마태복음서 강해』, 서울: 한국기독교교육연구원, 1994, p. 274.

26) 쏠라터(김희보 옮김), 『마태복음서 강해』(Das Evangelim nach Matthaus), 서울: 종로서적, 1954, p. 140.

27) 이순한, 『마태복음서 강해』, p. 573.

28) Ibid., p. 573.

29) 쏠라터(김희보 옮김), 『마태복음서 강해』, p. 362.

30) 척 스미스(신동철 옮김), 『마태복음』, 서울: 푸오원, 1997, p. 234.

31) 나균용, 『마태복음(하): 땅에 묻힌 하늘』, 서울: Grace 은혜출판사, 2005, pp. 299–300.

32) 이순한, 『마태복음서 강해』, p. 634.

33) Ibid., pp. 304–305.

34) 나균용, 『마태복음(하): 땅에 묻힌 하늘』, 서울: Grace 은혜출판사, 2005, pp.

299-300.

35) 척 스미스(신동철 옮김), 『마태복음』, pp. 271-272.

36) 나균용, 『마태복음(하): 땅에 묻힌 하늘』, p. 628.

37) Ibid., p. 302.

38) 서사라 목사가 필자에게 보낸 글의 내용이다.

39) Mary K. Baxter, A Divine Revelation of Heaven, New Kensington, PA: Whitaker House, 1998, p. 59.

40) Bill Wiese, 23 Minutes in Hell, Lake Mary, Florida: Charisma House, 2006, pp. 94-95.

41) Wikipedia English. George S. Patton, "Battle of the Bulge"

42) Morton T. Kelsey, God, Dreams, and Revelation, Minneapolis: Augusburg Fortress, 1974, pp. 119-120.

43) (서사라, 『이제도 있고 전에도 있었고 장차 올 자 예수 그리스도: 서사라 목사의 천국과 지옥 간증수기 3 (성경편 제 1권 - 창세기)』, 경기도 수원시: 하늘빛출판사, 2015, pp. 98-102.

44) 천국과 지옥 간증수기 1, pp. 36-37.

45) 천국과 지옥 간증수기 6. pp.557-558.

46) 처국과 지옥 간증수기 6. pp. 567-569.

47) 천국과 지옥 간증수기 3, p. 29.

48) 천국과 지옥 간증수기 1, pp.92-93.

49) 천국과 지옥 간증수기 6, pp. 216-218.

50) 천국과 지옥 간증수기 6, pp. 244-245.

51) Bill Wiese, 23 Minutes in Hell, pp. 11-12.

52) 심성종, 『내가 본 지옥과 천국』, 서울: 도서출판 크리스챤서적, 2009(2018, 24쇄). pp. 29-30.

53) 천국과 지옥 간증수기 3, pp. 81-82.

54) 천국과 지옥 간증수기 6, pp. 143-144.

55) 심성종, 『내가 본 지옥과 천국』, 서울: 도서출판 크리스챤서적, 2009(2018, 24쇄). pp. 69-74.

56) 천국과 지옥 간증수기 3, pp. 59–60.

57) 천국과 지옥 간증수기 3, pp. 193–194.

58) 천국과 지옥 간증수기 3, pp. 59–60.

59) 천국과 지옥 간증수기 3, p. 12

60) 천국과 지옥 간증수기 3. pp. 12–13.

61) 천국과 지옥 간증수기 3, p. 215.

62) 천국과 지옥 간증수기 3, p. 50.

63) Augustine, Enchiridon, viii

64) Thomas Auinas, Summa Theologica(신학총론) III, 1, 3, ad 3.

65) Frank Allen Patterson edt. The Student's Milton, New York, F. S. Croft's & Co., 1945, p. 360(Paradise Lost, Book XII, II. 469–473). 존 밀턴(이창배 옮김) 『실낙원』, 제12편 II. 469–473. 서울: 범우사, 1992(1989). p. 463.

66) 천국과 지옥 간증수기 3, p. 33.

67) 천국과 지옥 간증수기 3, pp. 64–71, 그리고 pp. 147–153.

68) Elwood Scott, Paradise : the Holy City and the Glory of the Throne, Jasper, ARK: Engeltal Press, 1984, pp. 136–137. 엘우드 스코트 지음 (서달석 옮김), 『파라다이스 방문기』, 서울 : 보이스사, 1986, pp.102–103.

69) 천국과 지옥 간증수기 1. pp. 25–30.

70) 천국과 지옥 간증수기 3, pp. 135–142.

71) 천국과 지옥 간증수기 3, p. 156.

72) 천국과 지옥 간증수기 2, pp. 40–44.

73) 천국과 지옥 간증수기 2, PP. 45–47.

74) 천국과 지옥 간증수기 1, p. 22.

75) Elwood Scott, Paradise, p. 51. 엘우드 스코트 지음 (서달석 옮김), 『파라다이스 방문기』, pp. 41–42.

76) 천국과 지옥 간증수기 6. pp. 476–484.

77) 천국과 지옥 간증수기 6. pp. 479–484.

78) 천국과 지옥 간증수기 6. p. 482.

79) 천국과 지옥 간증수기 6. pp. 494–499.

80) 천국과 지옥 간증수기 6. pp. 500-503.

81) 천국과 지옥 간증수기 6. pp. 535-547.

82) Preacher's Outline & Sermon Bible: Revelation, Chattanooga, TN: Alha-Omega Ministries, Inc., 1996, p. 299.

83) Ibid., pp. 282-284.

84) Ibid., p. 284.

85) Daymond R. Duck, The Book of Revelation (The Samrt Guide to the Bible Series), Nashville: Thomas Nelson, 2006, p. 338.

86) Mary K. Baxter, A Divine Revelation of Hell, New Kensington, PA: Whitaker House, 1993, pp. 117-119.

87) Christopher W. Morgan, Robert A. Peterson, Edited, Hell Under Fire, Grand Rapids, Michigan: Zondervan, 2004, p. 138.

88) 천국과 지옥 간증수기 6. pp. 548-549.

89) 천국과 지옥 간증수기 6. pp. 559-557.

90) 천국과 지옥 간증수기 6. pp. 560-563.

91) 천국과 지옥 간증수기 6. pp.56ㄹ4-566.

92) 천국과 지옥 간증수기 6. p. 483.

93) Elwood Scott, Paradise, p. 42. 엘우드 스코트 지음 (서달석 옮김), 『파라다이스 방문기』, pp. 27, 35.

94) Elwood Scott, Paradise, p. 32-35. 엘우드 스코트 지음 (서달석 옮김), 『파라다이스 방문기』, pp. 26-29.

95) 천국과 지옥 간증수기 1, pp. 116-119, 천국과 지옥 간증수기 6. pp. 507-513.

96) 천국과 지옥 간증수기 6. pp. 486-487.

97) 천국과 지옥 건중수기 2, pp. 30-32.

98) 천국과 지옥 간증수기 6. p. 483.

99) 천국과 지옥 간증수기 3, p. 215.

100) 천국과 지옥 간증수기 3, p. 217.

101) 천국과 지옥 간증수기 3, pp. 219-220.

102) 이상섭, 『문학비평적용어사전』, 서울: 민음사, 1966, pp. 278-279.

천국과 지옥
(하나님 나라와 사탄의 왕국)

초판인쇄 – 2020년 1월 20일
초판발행 – 2020년 1월 28일

저　　자 : 예영수
펴 낸 이 : 최성열
펴 낸 곳 : 하늘빛출판사
출판등록 : 제 251-2011-38호
주　　소 : 충북 진천군 진천읍 중앙동로 16
연 락 처 : 010-2284-3007
이 메 일 : csr1173@hanmail.net
I S B N : 979-11-87175-10-0 (03230)
가　　격 : 11,000원